教学好设计

（2022）

青岛黄海学院质量监控与评估中心　编

中国海洋大学出版社

· 青岛 ·

图书在版编目（CIP）数据

教学好设计 . 2022/ 青岛黄海学院质量监控与评估
中心编 . -- 青岛 : 中国海洋大学出版社, 2023. 10
　　ISBN 978-7-5670-3625-3

　　Ⅰ. ①教… 　Ⅱ. ①青… 　Ⅲ. ①高等学校－课程设计－
研究　Ⅳ. ① G642. 3

中国国家版本馆 CIP 数据核字（2023）第 177307 号

出版发行	中国海洋大学出版社				
社　　　址	青岛市香港东路 23 号		邮政编码		266071
出 版 人	刘文菁				
网　　　址	http://pub.ouc.edu.cn				
订购电话	0532－82032573（传真）				
责任编辑	林婷婷		电　　话		0532－85902533
印　　制	青岛国彩印刷股份有限公司				
版　　次	2023 年 10 月第 1 版				
印　　次	2023 年 10 月第 1 次印刷				
成品尺寸	170 mm ×240 mm				
印　　张	12. 75				
字　　数	240 千				
印　　数	1 ～ 1 000				
定　　价	50. 00 元				

编委会

主任: 梁忠环

成员:（按姓氏笔画排序）

序

　　课程是人才培养的核心要素，课程质量直接决定着人才的培养质量，课程质量的实现依赖课程在课堂教学的实施效果，课堂教学效果的呈现离不开任课教师的精心设计，教师如何设计课堂取决于教师对待课程、对待课堂、对待学生的态度，取决于教师教学精力投入、教学内容更新、教学方法创新。课比天大，把课上好是最大的师德，重视课程建设、重视课堂教学是教师工作的第一要义。作为教师应该有自己的拿手好课，用生命研发、建设课程，为生命发展创造课程，在生命课堂中演绎课堂生命，用课堂生命谱写人生华章。

　　教育因梦想而绚丽，课程因研发而卓越，课堂因设计而精彩。教学是教学生学，教是为了不教。好的课堂设计是师生互动、教学相长、共同建构、学习生成的结果，师生共同开发教学方案，突显生命张力，有效满足师生个性发展需要。课程是图纸，教学是施工；课程是乐谱，教学是演奏。教无定法，不是没法，贵在得法，要想施好工、奏好乐，关键在人，主角是学生。魏书生说："愤悱启发皆有道。上课时，老师只解放学生的耳朵，却堵住他们的嘴，捆住他们的手，由老师唱独角戏，实在是费力不讨好。尽可能多地让学生说，让学生读，让学生写，这样做，学生的兴趣比听老师的独角戏要浓得多。"可见课程设计中必须根治只见知识不见人的毛病，务必坚持立德树人的根本任务，眼里有学生、心中有学生、行动中有学生，先学后教，以学定教，少教多学，授之以渔，因材施教，因为生动，所以生动，师生互动、生生互动，面向未来，培养担当民族复兴大任的时代新人。

"行则将至""做则必成",行走在课程建设、课堂教学改革路上教师们正各显身手,日益表现出极大的教学热情,纷纷结合自己的课程教学实践,运用教学设计理论、PBL学习理论、学习金字塔理论、深度学习理论、建构主义学习理论等,进行课堂教学设计与实践,催生了教师对教学投入的内生动力。由于条件、能力和水平原因,教师们分享的教学设计案例或肤浅,或片面,或粗糙,肯定有诸多不足之处,但教师们不囿于环境、视野及条条框框的限制,勇于探索,开拓创新,基于学情分析、教学内容、教学资源、教学方法、考核方法、教学评价等提出适宜的课堂教学设计策略,以便更有效地组织教学,提升学生的自主学习能力和课堂参与度,获得较好教学体验,提高教学质量,这是值得推广的事。基于此,面向全校征集遴选了一批教学设计案例,供大家参考、学习、借鉴、批评。

　　是为序。

梁忠环

2023 年 3 月 20 日

目 录

1

营业收入审计

——透过康美药业营业舞弊动机
探讨营业收入审计教学设计

📖 教学目标

知识目标	1. 理解针对营业收入进行审计的重要性。 2. 了解企业对营业收入的舞弊动机。 3. 掌握并能复述主营业务收入的审计目标与实质性程序。
能力目标	1. 可以在审计实务案例中找到营业收入舞弊风险点。 2. 能够结合审计目标对主营业务收入实施实质性程序。
素养目标	1. 树立正确的人生观价值观,不要为一时之利违背职业道德。 2. 关注企业收入舞弊动机,在工作过程中始终保持职业道德和职业谨慎性,做到防微杜渐,认真对待各项审计工作。

📖 教学内容

教学内容	1. 讲解销售与收款循环中重点报表科目营业收入的审计。 2. 发起讨论(学习通手机端):一般来说,大家认为如何确定营业收入报表科目是否存在错报?如何应对营业收入造假? 3. 根据上述讨论结果生成词云,在此基础上进行深度学习讲述营业收入审计目标和实质性程序。 4. 知识归纳与总结:营业收入—销售与收款循环实质性程序—具体分析及总结。

板书设计	营业收入审计 舞弊动机→审计目标→审计程序虚增利润 {虚增利润 偷税漏税 调节收益　{发生 完整性 截止 准确性 恰当的列报　{取得或编制明细表 查明收入确认原则、方法 实质性分析程序 顺查、逆查 应对舞弊的非常规程序

课程资源

课程资源	1. 审计学学习通课程资料。 https://mooc11. chaoxing. com/mycourse/teachercourse?moocId=203559986&clazzid=37743952&edit=true&v=0&cpi=31799804&pageHeader=0 2. 网络共享课程视频。 主题：销售与收款循环。 https://www. icourse163. org/course/ JXUFE1003544002?from=searchPage 3. 孙含辉、王苏颖、阎歌著，《让数字说话：审计，就这么简单》，机械工业出版社。 4. Alvin A. Arens、Randal J. Elder、Mark S. Beasley 著，《审计学：一种整合方法》，中国人民大学出版社。

教学分析

教学重点	重点	主营业务收入科目审计实质性程序。
	对策	1. 引入案例，分析关于营业收入舞弊给会计师事务所及审计人员带来的风险，引起学生对营业收入科目审计的重视。 2. 组织学生讨论，引导学生分析主营业务收入科目企业舞弊的动机，在了解动机的基础上分析审计人员应如何应对。 3. 结合实务案例情况逐一讲解各项程序。 4. 推荐近期学术论文，把科研融入教学，鼓励学生课后深入学习。
教学难点	难点	1. 营业收入舞弊动机。 2. 主营业务收入科目审计实质性程序。

教学难点	对策	1. 课堂上对该问题进行线上讨论和投屏展示,现场进行评论。 2. 在上述评论基础上,具体讲解各项实质性程序。 3. 结合实务案例情况逐一讲解各项程序。 4. 理论讲解之后,推荐相关学术文献,引导学生课后进一步深入研究。

学情分析

学习者分析	优势	学生通过前期相关会计课程以及上节课程关于销售与收款循环概述的学习,基本掌握销售有收款循环账户所审内容。
	不足	学生之前仅通过会计学习掌握如何进行账务处理,思维固着情况时有发生,学生之前所学知识均站在企业财务人员视角,初步接触如何对报表科目进行审计,理解存在难度;另外学生完成审计理论学习后首次学习针对某报表科目实施实质性程序,涉及职业判断,在面对审计案例实施具体审计程序时做出合理判断有一定难度。

教学思想

设计思想一	遵循以学生为中心,发挥学生的主体作用。重点内容重点讲解,把握教学节奏,合理应用教学方法,如启发提问法,通过提问与讨论引导学生思考,在讲述营业收入舞弊动机、审计目标、审计实质性程序三个方面时随时关注学生课堂表现。另外,在授课时要融入实务案例和学术论文,缩短理论与实践和学术研究的距离,方便学生理解知识。
设计思想二	注重引导学生参与学习,通过"参与式""活动式"方法,在讲述理论知识的同时,注重讲清实践情形及其应用。 选择丰富、有趣又贴近生活的案例(如康美药业案)和专业前沿成果(如《浅谈风险导向审计中主营营业收入审计存在问题及审计方法》),配合超星平台信息化手段的使用,融合多种资源,调动学生学习的积极性,让学生看到枯燥学习的另一面,让课堂所讲授的知识"有趣、有用、有态度"。
思政融入点	通过康美药业财务造假案,引导学生理解销售与收款循环中营业收入科目造假的情形及严重后果,提高审计风险应对能力。 强化职业意识与谨慎性,坚持独立、客观、公正及开拓创新的职业品格和行为习惯。

续表

思政融入点	将审计实务操作能力与职业道德和敬业精神相结合,培育和践行社会主义核心价值观,提高个人的诚信修养,自觉实践审计行业的职业精神和职业规范,增强职业责任感。

教学模式及手段

教学模式	新课引入—理论讲解—实践练习—构建体系—任务拓展。
教学手段	1. 通过案例和问题导向型的启发式教学引出课程知识点。 2. 分析舞弊动机,根据舞弊动机引出营业收入的实质性程序。 3. 知识归纳与总结:审计营业收入的实质性程序。 4. 发起讨论(学习通手机端):讨论结果并进行深度学习。

教学过程设计

教学环节	教学步骤及师生活动	教学内容	设计意图
课堂导入	新课导入:康美药业销售造假	2007 年,CCTV3 高频次播出了由谭晶演唱,任泉和李冰冰主演的《康美之恋》音乐剧。主题曲中"意济苍生苦与痛,情牵天下喜与乐。明月清风相思,丽日百草也多情。两颗心长相伴,你我写下爱的神话",据说描绘的就是马兴田和妻子许冬谨的创业和爱情故事。 2019 年,康美药业近 300 亿的财务造假案,震惊了整个中国资本市场。而在此前很长时间里,这家企业还是 A 股市场上人人追捧的大白马,被誉为中国民族医药健康产业的一面旗帜。如今,当神话破灭之后,这家制造了 A 股史上最大规模财务造假案的企业,也走向了末路。 2018 年 5 月 29 日,康美药业的股价达到了历史最高点 27.99 元,市值更是创下了 1 390 亿元的新纪录。 然而,从巅峰到谷底,康美只用了 5 个月的时间。 2018 年 10 月,康美药业股价突然出现断崖式下跌,股价从 21.79 元一路下跌至 9.7 元,半月跌幅高达 44.74%。 2018 年 12 月,因涉嫌信息披露违法违规,康美药业被证监会立案调查。	通过实际案例引出本次课程所涉及的知识点,即如何对被审计单位的销售收入进行审计。

续表

教学环节	教学步骤及师生活动	教学内容	设计意图
课堂导入	新课导入：康美药业销售造假	2019 年 4 月,康美药业发布前期会计差错更正公告:由于财务数据出现会计差错,造成年报错报数十亿元,而这仅为实际造假金额的冰山一角。康美药业在 2016—2018 年共虚构营业收入 206.44 亿元、营业利润 20.72 亿元。 康美药业舞弊手法分析如下。 (1)虚构交易,虚增资产:通过伪造、变造大额定期存单,虚构业务凭证,伪造销售回款等方式,虚增货币资金及营业收入。 (2)信息披露违法违规:未按规定披露关联方及关联交易事项。 (3)利用关联交易:在未审批及授权情形下,共提供给控股股东和关联方 116.20 亿元的非经营性资金用来购入股票、支付收购溢价款等。 (4)滥用会计政策:把不符合会计确认或计量条件的工程项目计进报表,虚增固定资产。 2021 年 11 月 12 日,广州市中级人民法院对康美药业诉讼案做出一审判决:康美药业承担 24.59 亿元的赔偿责任。 证监会开出审计行业最大罚单!正中珠江会计师事务所共计罚款 5 700 万元;签字注会被罚款并行业禁入;造成不可逆信誉损失。 预设学生活动: 学生对案例产生兴趣,对企业营业收入造假情况及后果有了初步认知。	让学生了解报表科目的审计目标,强调企业造假后果,引导学生理解审计工作的重要性(插入课程思政)。 在此引出课程思政:强调信誉是审计人员和会计师事务所的立身之本。没有认真履行工作职责的正中珠江会计师事务所被康美药业一案彻底拖垮。
	教师阐述教学内容	营业收入审计 舞弊动机→审计目标→审计程序虚增利润 虚增利润 ┌ 发生 偷税漏税 ┤ 完整性 调节收益 └ 截止 　　　　　准确性 　　　　　恰当的列报 ┌ 取得或编制明细表 查明收入确认原则、方法 实质性分析程序 顺查、逆查 └ 应对舞弊的非常规程序	阐明主要学习内容、重点、难点,可使学生学习思路清晰。

续表

教学环节	教学步骤及师生活动	教学内容	设计意图
		预设学生活动： 依据教师板书梳理的框架，与前期所学审计风险评估与应对的内容相结合，明确实质性方案在审计工作中所处的环节和地位，并对营业收入实质性程序有初步认知。	
课堂教学环节1：营业收入存在的舞弊动机	师生活动：教师引导学生讨论：营业收入的舞弊动机是什么？	讨论： 营业收入的舞弊动机是什么？ 预设学生活动： 思考并进行小组讨论，探讨营业收入舞弊动机，将答案提交至学习通。了解收入舞弊风险假定。 根据学生回答，总结营业收入舞弊动机： 注册会计师在识别和评估与收入确认相关的重大错报风险时，应当基于收入确认存在舞弊风险的假定。 •为了满足高管层个人所需，如取得更高的报酬、个人的晋升； •为了取得或保住上市资格； •为了持续融资配股； •通过隐瞒收入而降低税负； •管理层预期难以达到下一年度的销售目标而已经超额实现了本年度的销售目标。 拓展：康美药业营业收入舞弊动机（舞弊三角理论） •持续融资需求造成了巨大压力； •内外部监督、管理失位为舞弊提供了机会； •管理层以企业发展为由为舞弊寻找借口。 插入： 问题：企业应如何规避预防舞弊——增强意识 对策：创建诚信企业文化，消除舞弊自我合理化借口。企业一是应该构建一套完备的诚信道德测评体系，并成立诚信委员会，负责组织评价考核企业高管和员工的诚信水平，尤其是对于企业高管人员，可定期公布其诚信及廉洁考核成绩，并开通举报热线，加大企业内部对失信失德行为的监管力度。二是要注重企业诚信的精神文化建设，加强企业员工的诚信文化教育，营造良好的诚信文化氛围。	引导学生分析企业为何存在舞弊动机，进而解释"应当基于收入确认存在舞弊风险的假定"。 引入课程思政，结合课堂导入案例分析康美药业舞弊动机，强调企业和个人都不能为了一己私利造假，虚假的繁荣如镜花水月，早晚成空。

续表

教学环节	教学步骤及师生活动	教学内容	设计意图
课堂教学环节1：营业收入存在的舞弊动机	教师讲解：拓展讲解营业收入舞弊动机和常见手段。	参考文献：盛怡洁,潘小溪．康美药业财务舞弊的动因与防范建议［J］．财务与会计,2022（10）：82. 预设学生活动： 听教师讲解舞弊动机及舞弊手段,和小组讨论结果相对比,学习自己未考虑到的内容,另外,可以对教师的讲解内容进行补充。 在教师的引导下以及和同学的沟通中意识到针对营业收入科目的审计务必谨慎小心,防微杜渐。 知识延展——上市公司收入舞弊的 12 种手段（学习通资料自学） 2019 年 10 月 21 日,中注协发布《中国注册会计师审计准则问题解答第 4 号——收入确认（征求意见稿）》,列举了上市公司收入舞弊的 12 种手段,在这里提请注意。 1. 虚构销售交易,具体包括以下方面:通过与其他方签订虚假购销合同,虚构存货,并通过伪造出库单、发运单、验收单等单据,以及虚开商品销售发票虚构收入;为了虚构销售收入,将商品从某一地点移送至另一地点,以出库单、发运单、验收单等为依据记录销售收入;根据其所处行业特点进行虚构销售交易,如游戏公司利用体外资金进行"刷单",对其自有游戏进行充值以虚增收入。 2. 进行显失公允的交易,具体包括以下方面:通过未披露的关联方或真实非关联方进行显失公允交易;通过出售关联方的股权进行显失公允交易;与同一客户或同受一方控制的多个客户在各期发生多次交易,通过调节各次交易的商品销售价格,调节各期销售收入金额。 3. 在客户取得相关商品控制权前确认销售收入。例如,在委托代销安排下,在被审计单位向受托方转移商品时确认收入,而受托方并未获得对该商品的控制权。又如,通过伪造出库单、发运单、验收单等证明客户已取得相关商品控制权的单据,提前确认销售收入。 4. 通过隐瞒退货条款,在发货时全额确认销售收入。 5. 通过隐瞒不符合收入确认条件的售后回购或售后租回协议,而将以售后回购或售后租回方式发出的商品作为销售商品确认收入。	通过问题与对策,再次引入课程思政内容。 引导学生课后利用学习通资料深入学习。

教学环节	教学步骤及师生活动	教学内容	设计意图
课堂教学环节1：营业收入存在的舞弊动机		6. 在被审计单位属于代理人的情况下,被审计单位按主要责任人确认收入。例如,被审计单位为代理商,在仅向购销双方提供帮助接洽、磋商等中介代理服务的情况下,按照相关购销交易的总额而非净额(佣金和代理费等)确认收入。 7. 对于属于在某一时段内履约的销售,通过高估履约进度的方法实现当期多确认收入。 8. 当存在多种可供选择的收入确认会计政策或会计估计方法时,随意变更所选择的会计政策或会计估计方法。 9. 选择与销售模式不匹配的收入确认会计政策。 10. 被审计单位在满足收入确认条件后,不确认收入,而将收到的货款作为负债挂账,或转入本单位以外的其他账户。 11. 被审计单位采用以旧换新的方式销售商品时,以新旧商品的差价确认收入。 12. 对于属于在某一时段内履约的销售,被审计单位未按履约进度确认收入,而推迟到履约义务完成时确认收入。	
课堂教学环节2：营业收入的审计目标	教师讲解	引导学生思考: 营业收入的审计目标是什么? 由舞弊动机和舞弊行为推导如何应对,即营业收入审计目标: •发生:利润表中记录的营业收入是否已发生; •完整性:所有应当记录的营业收入是否已记录; •截止:营业收入是否记录于正确的会计期间; •准确性:与营业收入有关的金额及其他数据是否恰当记录; •恰当的列报:是否已按照企业会计准则的规定在财务报表中做出恰当的列报。 预设学生活动: 明确营业收入审计的各项审计目标,与之前所学的审计认定相结合理解。	由刚刚讨论的舞弊动机,推导审计人员针对营业收入科目的审计目标,动机与目标相结合,引导学生理解。

续表

教学环节	教学步骤及师生活动	教学内容	设计意图
课堂教学环节3：主营业务收入的实质性程序	师生活动：教师引导学生思考审计人员应如何应对营业收入科目造假。教师讲解：带领学生复习回顾销售与收款循环相关内部控制与控制测试。	引导学生思考： 如何应对营业收入科目造假？ 复习回顾上节课知识点： （1）针对认定层次审计风险，应实施进一步审计程序，包括控制测试和实质性程序； （2）企业内部控制及控制测试流程和方法。 引导学生思考： 对内部控制信赖程度不同会影响实质性程序的实施吗？ 预设学生活动： 回顾之前所学知识点，思考针对营业收入科目舞弊的审计流程和应对措施，并进一步思考被审计单位内容控制强弱对后续审计工作的影响。	带领学生思考并回顾上节课所学知识点，承前启后，帮助学生理解针对销售与收款循环中的审计流程与审计程序。
	教师讲解：主营业务收入的实质性程序。师生活动：教师引导学生理解实质性程序。	1. 取得或编制主营业务收入明细表，复合加计正确，并与总账数和明细账合计数核对相符。 2. 查明主营业务收入的确认原则、方法。 例如： （1）交款提货：取得收取货款的权利，同时将发票账单和提货单交给客户； （2）委托出口：收到发运凭证和银行交款凭证； （3）托收承付：发出商品并办妥收款手续时确认收入； （4）建造合同：合同结果能够可靠估计，根据完工百分比法确认收入。 3. 实施的实质性分析程序。 （1）建立有关数据的期望值： a）将本期数据与上期数据进行比较和分析； b）计算本期重要产品的毛利率，与上期数据或行业数据比较分析； c）比较本期各月、各类主营业务收入的波动情况等。 （2）确定可接受的差异额； （3）将实际金额与期望值相比较，计算差异； （4）如果差异超过可接受差异额，注册会计师需要对差异额的全额进行调查证实，而非仅针对超出可接受差异额的部分。	结合实务情况逐一讲解。

续表

教学环节	教学步骤及师生活动	教学内容	设计意图
课堂教学环节3：主营业务收入的实质性程序		实施的实质性分析程序——以康美药业为例： •货币资金项目分析。货币资金作为企业的重要资产，在运营中发挥着重要作用，不同行业货币资金占总资产的比重不同，通常在15%～25%之间。货币资金占比过少会提高流动性风险，削弱公司的偿债能力，占比过多说明企业资金充足，经营风险小，但会增加机会成本，缺少资金收益。2015—2017年康美药业货币资金比重接近50%，2017年货币资金有99.74%是现金，有将近99.95%是可以随时支付的银行存款，但公司仍然采取高额的利息债务融资。康美药业利息支出占净利润比重较大，融资成本较高，康美财务管理不符合正常的商业逻辑，存在"存贷双高"问题。经调查，2016—2018年，康美药业虚增的货币资金分别为225.48亿元、299.44亿元和361.88亿元，存在会计舞弊行为。 •应收账款项目分析。康美药业的应收账款从2015年的25.50亿元剧增至2018年的63.18亿元，占总资产的比重为8.47%。2017年年报中应收账款按单项金额重大所单独列示的仅一家公司，且应收账款都计提成坏账准备。 •其他应收款项目分析。根据康美药业对2017的年报调整，其他应收款项目更正前为1.80亿元，更正后为58.94亿元，调整了57.14亿元。康美药业2018年年报中，有88.79亿元的其他应收款是关联方往来款，应收关联方之一的普宁康都药业款项为56.29亿元，计提坏账26.66%，另一家康淳药业的其他款项是32.50亿元，计提坏账15.40%。 •毛利率分析。毛利为营业收入减营业成本，毛利率为毛利除营业收入，高毛利率代表竞争力强，不同行业的毛利率相差较大。医药商业流通企业毛利率普遍较低，公司着重凭借快速周转获利；医药制药企业毛利率普遍较高。康美药业2015—2018年的毛利率分别为28.34%、29.90%、38.63%、30.04%。近年来我国医药行业毛利率平均在10%左右，康美药业毛利率高于行业水平。2017年康美药业研发支出1.64亿元，占营业收入比重为0.62%，远低于同行业水平。	插入康美药业案例公司情况（带领学生分析学术文献资料），学习如何在审计实务工作中实施实质性分析程序。

续表

教学 环节	教学步骤及 师生活动	教学内容	设计意图
		参考文献：陈程．会计舞弊识别与审计应对——基于 2019 年财务暴雷的案例 [J]．中国注册会计师，2022（06）：116-119. 预设学生活动： 和教师一起查看康美药业案例公司的财务数据情况，分析公司存在的问题。 【多选题】在运用分析方法检查营业收入的完整性时，审计人员可以实施的程序有（　　）。 A. 计算本期主要产品的销售额和毛利率，并与上期比较 B. 比较本期各月营业收入的波动情况 C. 比较本期各月营业收入实际数与计划数 D. 计算本期存货周转率，并与上期比较 E. 计算本期流动比率，并与上期比较 【正确答案】ABC。 【答案解析】选项 D 属于存货分析程序；选项 E 属于负债分析程序。 预设学生活动： 完成课堂练习，测试自己对该知识点掌握情况。针对错误答案，与同学或老师进行探讨。 4. 逆查。 以主营业务收入明细账中的会计分录为起点，检查相关原始凭证如订购单、销售单、发运凭证、发票，以评价已入账的营业收入是否真实发生。 5. 顺查。 （1）从发运凭证中选取样本，追查至销售发票存根和主营业务收入明细账，以确定是否存在遗漏事项； （2）注册会计师必须能够确信全部发运凭证均已归档，可以通过检查发运凭证的顺序编号来查明。 6. 实施销售的截止测试。 应该注意把握三个与主营业务收入确认有着密切关系的日期：一是发票开具日期；二是记账日期；三是发货日期。检查三者是否属于同一适当会计期间是主营业务收入截止测试的关键所在。围绕上述三个日期，可以考虑选择三条审计路线实施主营业务收入的截止测试。	插入课堂练习，观察学生知识掌握情况。顺查、逆查和截止测试部分学生可能不容易理解，需结合实务讲解，并进行课堂提问，观察学生掌握情况。

教学环节	教学步骤及师生活动	教学内容	设计意图
		一是以账簿记录为起点。从资产负债表日前后若干天的账簿记录查至记账凭证,检查发票存根与发运凭证。这里是逆向截止,主要是为了防止多计收入。 二是以发运凭证为起点。这里是正向截止。 三是以销售发票为起点。这里分两个方向:一是从销售发票追查至发运凭证,即逆向截止;二是从销售发票追查至账簿,即正向截止。 7. 应对舞弊风险的非常规的审计程序。 (1)调查被审计单位客户的工商登记资料和其他信息,了解客户是否真实存在,其业务范围是否支持其采购行为。 (2)检查与已收款交易相关的收款记录及原始凭证,检查付款方是否为销售交易对应的客户。 (3)考虑利用反舞弊专家的工作,对被审计单位和客户的关系及交易进行调查。对于与关联方发生的销售交易,注册会计师要结合对关联方关系和交易的风险评估结果,实施特定的审计程序。 预设学生活动: 学习掌握营业收入审计的各项实质性程序,能够应对审计实务中基本的审计工作。	
课堂教学环节4:学术延伸	相关学术论文推荐阅读	引导学生在中国知网查阅营业收入审计相关文献,分析话题的研究现状。 1.《浅谈风险导向审计中主营营业收入审计存在问题及审计方法》。 相关内容如下: (1)风险导向审计程序。 (2)提前或推后确认收入的审计方法。 (3)未按照规定正确使用完工百分比法确认收入的审计方法。 (4)不确定时确认收入的审计方法。 (5)签订虚假合同,操纵营业收入的审计方法。 预设学生活动: 查阅该文献,深入学习审计实务中主营业务收入审计存在的问题及审计方法。	科研融入教学,引导学生在学习针对营业收入审计的实质性程序理论知识后,深入了解审计实务中如何应对主营业务收入审计,如何实施具体审计程序。

续表

教学环节	教学步骤及师生活动	教学内容	设计意图
课堂教学环节4：学术延伸		2.《康美药业财务舞弊案例分析——基于审计失败的视角》。 审计失败的防范策略如下： （1）定期评估业务的承接与保持情况； （2）合理安排人力资源； （3）提高审计流程的不可预知性； （4）审计人员应对待工作时刻保持警觉； （5）监管层面：严格审核会计师事务所的审计业务；对出现审计失败的会计师事务所处以罚款和停业整顿的严格惩戒措施；对无视职业道德的从业人员视严重程度处以不同的处罚。 3.其他文献相关参考内容。 （1）保持应有的职业怀疑态度，谨慎执业； （2）重点关注被审计单位环境及风险； （3）熟悉会计造假动机及手法； （4）不断创新审计技术方法； （5）加强注册会计师的后续专业教育； （6）充分利用分析性复核。 （7）提高会计师的素质：第一是提高会计师的专业技能，第二是加强会计师的道德建设； （8）进行风险导向审计； （9）…… 参考文献： [1]宋夏云,谭博文.正中珠江会计师事务所对康美药业审计失败的案例研究[J].商业会计,2019（22）：4-8. [2]刘礼.上市公司财务舞弊与审计失败研究——基于康美药业案例研究[J].安徽商贸职业技术学院学报(社会科学版),2019,18（03）：29-32. [3]王峥钰,曾天羿.上市公司财务造假浅析——基于康美药业财务造假案的思考[J].现代营销(经营版),2019（09）：178-179. 预设学生活动： 带领学生一起阅读上述文献,讨论文献中所述方法在实际审计工作中的应用,分析如何将所学理论知识与实践相结合,更好地完成审计工作。	鼓励学生学以致用,进一步将学术论文引入课堂,推荐学生阅读高质量论文《康美药业财务舞弊案例分析——基于审计失败的视角》,引导学生将课堂导入案例与所学知识相结合,鼓励其课后深入阅读,拓宽视野,进一步思考应对财务舞弊的审计方法。另外,在此进一步融入课程思政,强调审计工作的重要性。

续表

教学环节	教学步骤及师生活动	教学内容	设计意图
知识总结与深度学习	教师总结＋学生讨论结果生成词云＋深度学习	1. 教师总结。 企业营业收入实质性程序。 2. 课堂讨论(见课堂提问与讨论部分)：讨论结果生成词云，在此基础上进行深度学习，创造新知识。 3. 引导学生查阅该方向学术论文，鼓励学生深入思考。	教学小结串联知识点，强化记忆，有助于学生对本节主要教学内容和知识结构的梳理和总结。
预习任务	本章第3节	任务点：应收账款科目的审计工作。	下节课课前预习
课后作业	课后思考	1. 复习：结合本次课程的框架及课本内容，掌握营业收入科目审计。 2. 自测：完成学习通对应作业。 3. 提升。 (1) 查阅营业收入舞弊方向文献，总结审计实务中应对收入舞弊的方法； (2) 查阅康美药业舞弊案例，总结审计失败原因及防范策略； (3) 阅读推荐文献《基于RPA技术的主营业务收入实质性程序审计机器人的设计与应用》，了解机器人流程自动化(RPA)技术在主营业务收入实质性程序中的应用。	培养学生自主学习、查阅和总结资料的能力，并对课程内容进行巩固拓展。使学生通过自主学习、复习，对课程建立更加扎实的理解。

课后反思和总结

课后反思和总结	1. 教学理念。 (1) 线上、线下教学利用学生课余的碎片化时间，缩短教学时长，提高学生学习效率； (2) 教学方式注重信息化，灵活多样，坚持启发式教学。

续表

课后反思和总结	2. 教学方法。 （1）教为主导，学为主体，培养学生学习兴趣，调动学生学习积极性和主动性； （2）利用信息化手段对学生课前课后学习情况和效果准确地跟进和反馈，课中与学生加强互动。 3. 教学过程。 （1）对于重难点使用对分课堂、课堂互动、案例模拟、讨论总结、课后练习等方式对学生的学习效果进行评价； （2）加强过程性考核，保证学生在实践中掌握理论。

教学设计感悟

审计学作为会计学专业的必修课程，内容偏实践，注重知行合一。本课程在设计和讲授过程中本着以学生为中心的教学理念，发挥学生的主体作用。

本节课讲述了销售与收款循环中针对营业收入的审计工作，该部分内容属于审计实践模块，与审计实务工作关联性强。为了学生更好地学习，课程采用案例教学、启发式教学和问题导向型教学相结合的方法。以上方法的综合运用，有助于学生专业知识的理解和应用能力的提升，教学目标良好，提升了学习目标达成度。

整个教学过程中，通过案例导入（康美药业销售造假案）的方式引出课程内容（如何针对企业营业收入科目展开审计工作）；教学过程中以学生为中心，以问题为导向，坚持启发式教学，通过"营业收入舞弊动机""营业收入审计目标""主营业务收入的实质性程序"以及"学术延伸"四个模块，与学生互动讨论，引发学生深入学习和思考，将科研融入课堂，希望通过课堂引导，让学生在掌握基本知识的情况下，激发其学术热情。针对重难点内容着重讲解并加入课堂练习，随时掌握学生的知识掌握情况。因为学生之前仅通过会计学习掌握如何进行账务处理，思维固着情况时有发生，学生之前所学知识均站在企业财务人员视角，初步接触如何对报表科目进行审计，理解存在难度并且本次课的内容是学生完成审计理论学习后首次学习针对某报表科目实施实质性程序，涉及职业判断，在面对审计案例实施具体审计程序时做出合理判断有一定难度。因此,在教学设计和讲述过程中综合采用讲述法、案例分析法、小组讨论法进行教学,希望可以构建高效课堂。另外,"教师是人类灵魂的工程师",要成为一名优秀的教师,不能仅仅满足于向学生传授知识,更在于启迪学生的思想、塑造学生的人格、激发学生的潜力、影响学生的观念。因此,在做教学设计时,需要将课程思政有机地融入课程的各个环节之中,潜移默化地让学生意识到在工作过程中应当始终保持职业谨慎性,做到认真对待各项审计工作。

审计学是建立在实践之上的,课上所讲的理论是基于实践推导得出的。在未来审计发展过程中,我们也不能只守着旧的审计理论与观念,应与时俱进,把更多新的案例、新的理念带入审计课堂,并且在今后的教学过程中,及时关注学生对知识点的掌握情况,更有针对性地调整课堂授课内容,拓宽学生专业视野,提高学生学习效率,为国家和社会培养专业人才。

▶ 教师简介

韩瑜,青岛黄海学院国际商学院教师,财会金融系副主任,讲师。主要从事会计学、审计学、经济法等课程教学,发表学术论文 6 篇,主持和参与多项校级、市厅级和省部级科研及教学改革课题,将科研成果和课程思政建设成果融入审计学、经济法等课程的教学中,通过成果导向与科研驱动教学模式进行教学创新设计,获得山东省第九届青年教师教学比赛二等奖 1 项,获得校级"教学标兵"2 次以及校级"教书育人"先进个人称号。

网络消费者群体分析教学设计

课程信息

授课班级	2019 级电子商务本科班	授课时数	1 课时
授课地点	智慧教室	授课形式	理论＋实践
教材分析	1. 《网络营销与策划》"十三五"规划教材。 2. 陈德人主编,人民邮电出版社。 3. 本课程包含十个章节,本课选自"网络营销环境分析与策划"。		
课程资源	1. 本课程采用线上、线下混合式教学,线上教学资源为教师团队建设的线上课程。 2. 教学资源库中为学生分享专业前沿知识,以及德育教育的文章,加强学生德育教育。		

学情分析

优势	1. 电子商务专业大二本科学生已具备了一定的营销学专业基础,学生能够熟练操作信息化教学设施。 2. 学生对网络媒体有关的创新创业知识及信息化教学具有极高的学习兴趣,是其自主学习和合作探究的动力。 3. 之前学习的内容为内容营销奠定了良好的课程基础。
不足	电子商务专业从本级人才培养方案中删除了市场营销学课程,学生缺乏营销相关的理论知识基础,应在授课中先传授营销理论知识。

教学目标

知识目标	掌握用户画像的实际操作及应用。
能力目标	能够针对不同产品,基于网络调研,确定目标消费者群体。
素养目标	通过小组合作学习,培养团队的协作精神;树立正确的三观。

教学分析

教学内容		1. 网络消费者的购买动机。 2. 构建用户画像。 3. 确定网络营销平台。 4. 提供用户服务。
教学重点	重点	1. 网络消费者的购买动机。 2. 确定网络营销平台。
	对策	1. 首先通过讲述知识点和案例、团队作业分享,让学生对网络消费者的购买动机有初步的了解。 2. 使用词云,让学生分析自己属于哪一种购买动机的消费者。 3. 通过企业案例,分析企业如何借助网络消费者的购买动机开展网络营销。 4. 通过头脑风暴,让学生先为目标用户设计网络营销平台。 5. 教师讲解分析如何确定网络平台及具体分析这些平台采用哪些形式展现能够吸引目标顾客。 6. 通过任务实训进一步加深学生对知识的理解。
教学难点	难点	1. 构建用户画像。 2. 提供用户服务。
	对策	1. 通过小组讨论确定产品目标用户标签,教师总结如何构建用户画像。 2. 通过激发学生旧知、发散思维、举一反三的方式,让学生能够正确提供用户服务。

教学资源使用

序号	资源名称	设计意图
1	多媒体教学课件	采用文本、图片、视频、动画设置等组合方式吸引学生注意力，激发学生学习兴趣，辅助解决学生在学习中遇到的困难。
2	在线开放MOOC	通过学习教师团队建设的线上课程，借鉴课程中"找到你的精准用户"内容，培养学生的自主学习能力。
3	校内SPOC	线上翻转课课前上传学习课件、视频资料，辅助学生完成课前预习，课中进行团队展示、头脑风暴、讨论互动，课后进行学习反馈和问答讨论。
4	学习任务	课前通过智慧树班级课发布任务，让学生明确所学内容及要求，并通过网络、教材等查询相关学习内容，用任务驱动将"要我学"变为"我要学"。

教学方法

序号	教学方法	设计意图
1	任务驱动教学法	课前通过SPOC发布学习任务，课中以任务为教学载体，采用"做中学，做中教"的方式，有效组织任务引入、任务分析、任务实施、任务评价等教学内容。
2	情境教学法	通过观看视频或案例，吸引学生注意力，激发学生学习兴趣，引导学生思考，为学生创造具体的学习任务。
3	自主学习法	课前学生自主学习相关的知识，完成课前任务，为课堂做好准备；课中，学生自主完成课前任务，解决实施过程中遇到的困难；课后，及时巩固所学知识，自主完成作业。
4	合作探究法	将本班学生按照营销技能搭配原则组建团队，并选一名技能较好且有责任感的学生作为组长即助教，有效促进小组内、小组间的交流互动，培养学生团队协作能力，提高学习效率，同时也方便组织组内和组间评价。
5	实践训练法	基于工作室企业项目，团队竞标后完成企业实际网络营销工作，或者自主创业、参加营销策划大赛、考取网络营销相关证书等，培养学生的实践应用能力。

板书设计 / 思维导图

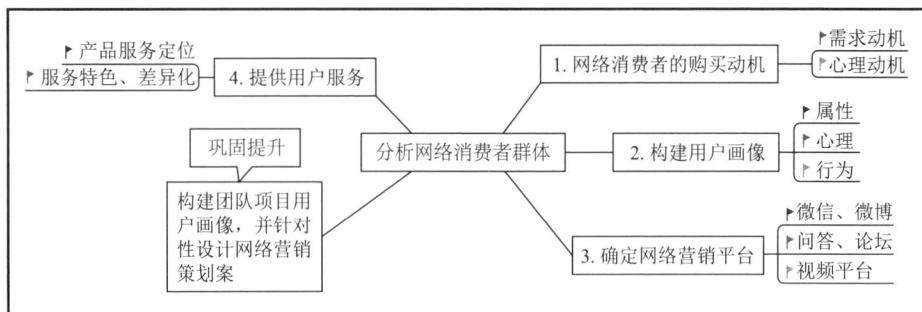

教学思想

设计思想一	重点内容重点讲解,把握教学节奏,关注学生课堂表现。合理应用教学方法,如启发提问法、小组讨论法、比较分析法、案例讲解、互动式教学、沉浸式教学,配合团队项目案例或情景设计的头脑风暴进行实践练习,通过教师讲解,配合不断地思考、讨论、与实践对比,掌握所学内容。
设计思想二	选择丰富有趣又贴近生活和专业前沿的案例,配合学习通平台信息化手段的使用,融合多种资源,调动学生学习的积极性,让学生看到枯燥学习的另一面,让课堂所讲授的知识"有趣、有用、有态度"。
设计思想三	针对学生营销知识薄弱的问题,在教学设计和课件制作时,使用PPT图文并茂地授课,知识传授深入浅出,也能够让学生更容易理解课堂所讲内容,强化学习信心,从而更好地保持学习积极性。

教学模式及手段

教学模式	对分提问—案例分享—思辨拓展—总结分析—答疑反馈—任务布置。
教学手段	1. 充分利用兴趣探究法、小组合作法,强化学生内化吸收的过程。 2. 利用信息化(视频、在线互动、词云等)功能,增添课堂多样性,丰富课堂教学手段。 3. 通过沉浸式案例、角色扮演与决策,将学生带入仿真体验;通过任务驱动法提升学生自主学习能力;通过启发引导法让学生深入地体会所学理论。 4. 案例教学,实践拓展,体现课程的应用性,培养学生思辨能力。

分析网络消费者群体

（课前学习、课堂教学、课后拓展）

环节	教师活动	学生活动	信息化应用	设计意图
课前学习	1. 为学生推送教师团队建设的线上课程中"找到你的精准用户"内容和预习要求。 2. 发布学习任务——根据所学网络市场调研方法，结合团队项目设计网络调查问卷并收回数据。 3. 强调网络营销调查问卷设计，与学生沟通制作过程中的问题。 4. 将各团队制作的调查问卷作品上传至课程资源库，分享给学生。	1. 登录智慧树平台完成微课预习。 2. 了解教师推荐的网络调查问卷制作软件，团队合作，合理分工，进行网络调查问卷内容设计和发放收集。 3. 遇到问题主动与教师沟通，与同组同学研讨问卷设计发放问题，力争问卷优质。 4. 课前查看每个团队的网络调查问卷，互相交流分享心得体会。	1. 网络教学平台推送学习微课、资源库网址。 2. 学生通过群聊方式实时反馈任务完成进度、同教师交流过程中的困难，激发小组之间的互帮互助意识。 3. 通过学习通课程资源库查看团队作品。	1. 学生所学理论知识得到巩固和应用。 2. 加深学生对网络市场调研和数据分析的理解，为学习分析网络消费者群体奠定基础。
课堂教学	1. 复习知识点，团队调查问卷展示。 2. 教师根据团队展示情况指出问题及深入分析。 3. 讲解网络消费者的购买动机：需求动机和心理动机。通过需求动机"马斯洛需要层级理论"引导学生树立正确的三观。 4. 引入论文观点"五类购买动机说"，并让学生思考自己属于哪种类型。 5. 教师点评学生对自我所属类型的认知。	1. 团队代表展示调查问卷内容。 2. 与教师共同复习所学知识点，进一步了解调查问卷的设计要求。 3. 学生学习掌握消费者的需求动机和心理动机。 4. 学生思考并回复自己所属的网络消费者动机类型。	问卷星调研及结果下载，PPT成果展示。 词云展示学生答案。 教师学习资源库分享调研结果；学生使用智慧教室侧屏幕投屏列出用户标签。	反馈学生对所学知识的掌握情况，锻炼学生PPT制作和展示能力。 通过企业案例，分析企业如何借助网络消费者的购买动机开展网络营销。

续表

环节	教师活动	学生活动	信息化应用	设计意图
课堂教学	6. 讲解用户画像的概念，并指导学生如何寻找用户标签。 7. 发布任务：教师选择团队项目中的某款产品，将调研数据发给学生作为参考，让各学生团队讨论后写出用户标签。 8. 教师找一个团队发布用户标签，其他团队反馈是否认可该标签及其重要性。 9. 发布任务——头脑风暴：根据用户画像，让学生思考回复目标用户适合采用哪些网络营销平台。 10. 教师根据学生的回答，讲解分析如何确定网络平台，分析微信、微博、问答、社区讨论、视频平台采用哪些形式展现来吸引目标顾客。 11. 讲解提供用户服务。	5. 通过教师点评了解大学生网络消费群体的购物动机。 6. 学生掌握用户画像的概念。 7. 团队内部讨论用户标签，并根据重要性进行排序。 8. 思考并讨论用户标签的重要程度，构建用户画像。 9. 学生思考并回复适合目标用户的网络营销平台。 10. 学生进一步了解各个平台的特点以及针对目标用户的网络营销策略。 11. 学生掌握提供用户服务的要求及服务的差异化。	利用词云构建用户画像。 学习通展示学生观点，词云分析共同观点。 PPT 展示。	课程思政：讲述马斯洛需要层级理论，引导学生树立正确的三观，加强课程思政。 学生认知所属类型，加深学生对购买动机的理解。 学生独立思考加深理解。 学生围绕产品特性、调研结果、消费者需求思考目标用户标签。 思考并讨论用户标签的重要程度，构建精准的用户画像。 培养学生深入思考问题的能力。"先思考"可以强化内化过程，使讨论更有效果。 加深学生对网络平台和精准营销策略的认知。 理论知识讲解为实践奠定基础。

环节	教师活动	学生活动	信息化应用	设计意图
课后拓展提升	1. 布置任务,知识延展:根据团队前期的网络用户调研生成用户画像,针对目标人群选择适合的网络营销平台和用户服务,整体策划营销方案。 2. 课后教师通过平台解答学生完成任务过程中的疑问。 3. 课后与学生沟通所学知识的使用情况,在学生完成团队项目等方面给予帮助。	1. 学生根据要求完成任务,网络提交用户画像及营销策划方案,下一堂课分享主题活动内容。 2. 学生将任务疑问发送到学习通。 3. 主动与教师沟通。	在网络平台提交团队作业。 学生在学习通或聊天软件中发布问题讨论,并产生精华帖。	学生能够将理论知识应用于实践中,知识延展提升。 了解学生需求,促进教学不断改进。 加强与学生课下的沟通,掌握学生任务完成情况。
教学评价与反思	1. 教学理念。 (1)线上、线下教学利用学生课余的碎片化时间,缩短教学时长,节省耗材; (2)教学方式注重信息化,灵活多样,坚持启发式教学。 2. 教学方法。 (1)教为主导,学为主体,培养学生的学习兴趣,调动学生的学习积极性和主动性; (2)采用信息化方法对学生课前课后学习情况和效果准确地跟进和反馈,课中与学生加强互动。 3. 教学过程。 (1)对于重难点使用对分课堂、课堂互动、案例模拟、讨论总结、课后练习等方式对学生的学习效果进行评价; (2)加强过程性考核,保证学生在实践中掌握理论。 4. 改进措施。 (1)实践课程加强学业、产业、创业的"三业"融合; (2)企业和课堂双课堂教学,教师和企业导师双导师考核; (3)进一步提炼重难点,精简课堂内容,稍微放慢课堂节奏。			

教学设计感悟

网络营销是电子商务专业的专业必修课程,是理论性与实践性均较强的一门综合性课程。随着互联网的科学技术和创新成果进一步融合于教育教学之中,社会对现代高等教育的创造力和创新力提出了更高的要求,该课程创新坚持以"知行合一,能力本位"的教育理念为导向,旨在培养复合型和应用型的人才。基于工作室制的混合式教学模式,将理论与实践相结合,学生不仅能够掌握网络营销的基本理论,同时实践应用能力得到提升。"以学生为中心"的线上、线下混合式教学过程中植入企业真实项目,以帮助学生能够更好地利用各种营销渠道开展活动、运营产品、获得竞争优势,并最终实现网络营销的变现。

课程采用基于工作室项目的混合式教学模式,课程设计采用线上自学、线下探学、融合共生进阶挑战性学习模式。课前任务驱动带动泛在学习。教师在 SPOC 学习资料库中上传教学资料、专业前沿知识和能够提升学生道德素养的文章,拓展学生的知识面和加强德育教育;同时发布学习任务,明确提出学生通过自学哪些知识,要达到怎样的效果,将在课堂互动和作业中进行检测学生掌握情况。课中案例导入引导学生互动参与。教学环节灵活多样,首先对学生自主完成的任务进行检测,教师针对呈现出来的问题和学生的疑问进行重点解析,或者学生团队派代表围绕自主学习内容展示开展对分课堂等,学生在展示成果过程中得到多方面能力的锻炼。教师在课堂上应"以学生为中心"进行启发式教学。网络营销贴近学生的生活,可以让学生思考和设计很多案例,并对具有代表性的案例进行总结分析。课后实践应用提升理论知识。课下学生自主组建独立创业项目团队或代运营团队,定期汇报项目完成的进度和效果,教师加强与学生的沟通,共同探讨解决办法和营销策略,力求达到较好的营销效果。在实践教学中加强对职业道德、职业素养的培养,培养契合数字经济时代社会需求的网络营销人才。

基于工作室制的混合式教学模式遵循"以学生为中心"的教学理念,学生参与课程教学和实践环节,不拘泥于课本内容,以就业为导向,优化适合本科生创新创业的课程模块,整合各种教学资源,及时更新教学内容,加大过程性考核,采用开放式、研讨式考核方式,注重培养学生的实践应用能力。

▶ 教师简介

王光颖,青岛黄海学院国际商学院数字商务系电子商务专业教师,硕士研究生,副教授,2014 年毕业于韩国建国大学。主讲电子商务概论、市场营销学、网络营销等专业课程。教学过程中致力于教学方法的改革创新，主持建设"解锁营销新 Fun 法－玩转新媒体"线上课程，2019 年加入山东省高等学校在线开放课程平台；2020 年 3 月主持申报的网络营销课程获批山东省线上、线下混合式一流课程。主要研究方向为电子商务、网络营销，2019 年 12 月担任山东省高等教育人才研究会青年人才专业委员会理事，主持及参与"'互联网＋'背景下青岛市小微企业核心竞争力构建研究"等省市级课题 7 项、校级课题 9 项，并发表研究论文 7 篇以上。多次指导学生参加全国高校商业信息化创新创业竞赛电子商务大赛，获得优异成绩，个人获得"优秀指导教师"荣誉称号。

除权除息与股价变动问题探讨教学设计

课前准备

线上学习	线上任务 1:股票的基本理论。 线上任务 2:股票交易竞价问题。 线上任务 3:股票交易中的相关计算问题。
相关资料	资源 1:经管之家(人大经济论坛)金融专区＋会计与财务管理专区。 资源 2:学术文献→关键词:股市;节假日效应;价格波动。
课程资源	资源 1:《投资学》在线课程。 https://mooc1.chaoxing.com/course/200005369.html 资源 2:网络共享课程视频:关于除权问题的深度学习。 https://www.bilibili.com/video/BV1R7411E79H

教学目标

知识目标	理解送股、配股、派息的基本定义,通过其原理掌握除权价的计算方法,在此基础上发起课堂讨论:除权之后股价变动问题,根据讨论结果进行深度学习并拟定研究型话题。
能力目标	透过除权价的公式深度理解配股、送股、派息对股价的影响,并展开话题讨论分析股票市场价格波动问题。
素养目标	培养学生对除权价的深度理解,通过各种现象学会分析股价波动的部分影响因素,在此基础上查阅各种资料进行话题讨论。

教学目标

教学内容	1. 关于除权价的计算方法。 （1）送股、配股、派息的概念； （2）除权价的基本公式(送股、配股、派息三种情况讨论)； （3）关于除权问题案例分析——以中天金融(000540)历史除权情况为例 2. 发起讨论：股价除权之后，二级市场价格会发生什么样的变化？ 3. 根据上述讨论结果生成词云，在此基础上进行深度学习。 4. 知识归纳与总结。
板书设计	除权除息与股价波动问题探讨 除权除息→除权价计算→涨权、跌权、平权 除权除息 $\begin{cases} 送股 \to P_{昨收}/(1+Q_送) \\ 配股 \to P_{昨收}+(P_配 \times Q_配)/(1+Q_配) \\ 派息 \to P_{昨收}-R_红 \end{cases}$ 分析 1：分红＋送股；分红＋配股；送股＋配股；分红＋送股＋配股 以上情况如何测算？ 分析 2：除权除息后股价波动分析(讨论)。

教学分析

教学重点	重点	1. 关于除权价的一般计算方法。 2. 上市公司除权之后对股价的影响研究。 3. 通过除权价问题发起讨论，并且对讨论结果进行深度学习与话题的拟定。
	对策	1. 教师通过对送股、配股、派息三个方面进行总结，提炼公式中的各项要素，通过对其进行深度讲解使学生掌握除权价的计算方法。 2. 通过案例(000540 中天金融)展示，让学生进一步熟悉除权价的计算方法。 3. 通过发起课堂讨论：在掌握除权价的计算方法基础上讨论除权之后股价波动问题，并对讨论结果进行研究，构建思维导图。
教学难点	难点	捕捉学生对课堂讨论结果中生成的词云，在此基础上进一步深度学习，形成自己的一套思维导图。
	对策	1. 课堂上对线上讨论进行投屏展示，现场进行评论。 2. 在上述评论基础上，以词云中心词为突破口，现场进行关键词连接，创造新知识，提炼新的研究话题(该部分内容根据线下教学情况进行当场展示)。

学情分析

学习者分析	优势	1. 学生通过前期线上任务点的学习（怎样计算除权价）基本熟悉了除权价的基本计算方法。 2. 该部分内容主要是计算问题，单纯进行习题讲解，绝大多数学生掌握较好。
	不足	1. 该部分内容包含的影响除权价格的因素较多，理解较为困难。 2. 对除权后股价波动问题的理解存在欠缺。

课程思政设计

设计思想1	互动讨论→词云→股价除权之后二级市场价格变化，结合以上三步进一步对讨论结果生成词云，构建思维导图，并在此基础上进行深度研究，启发学生思考，激发学生学习兴趣和学习潜力，进一步培养学生认真钻研学科的能力。
设计思想2	以词云中心词（词频最高）的讨论情况为突破口，通过"头脑风暴法"进行互动，进一步拟定新的研究型话题，培养学生的创新能力。

教学模式及手段

教学模式	线上内容回顾—送股、配股、派息—除权价公式分析—知识总结—发起线上讨论—词云的生成—深度学习—拟定新的研究话题。
教学手段	1. 引出三个重要的问题。 2. 分别讲解送股、配股、派息的问题，进一步总结除权价公式。 3. 知识归纳与总结：知识的进一步提炼。 4. 发起讨论（学习通手机端）：对讨论结果进行深度学习。

教学过程设计

教学环节	教学步骤及师生活动	教学内容	设计意图
课堂导入	线上任务点回顾： 任务点1：股票的基本理论 任务点2：股票交易的相关计算问题 任务点3：股票交易竞价问题 补充任务点：怎样计算除权价	问题导向： 案例导入： 凯乐科技2018年度权益分派情况： 东方财富网 > 数据中心 > 公告大全 > 凯乐科技公告一览 凯乐科技(600260)公告正文 **600260:凯乐科技2018年年度权益分派实施公告** 公告日期：2019年08月22日 证券代码：600260　证券简称：凯乐科技　公告编号：2019-051 湖北凯乐科技股份有限公司 2018 年年度权益分派实施公告 本公司董事会及全体董事保证本公告内容不存在任何虚假记载、误导性陈述或者重大遗漏，并对其内容的真实性、准确性和完整性承担个别及连带责任。 重要内容提示： 每股分配比例，每股转增比例 A 股每股现金红利 0.16 元，每股转增股份 0.4 股。 说明： 请学生捕捉关键问题： A 股每股现金红利 0.16 元，每股转增股份 0.4 股，以上包含哪两个方面？ （送股、派息）	案例展示，提炼关键问题。
	教师阐述教学内容	1. 讲解什么是送股、配股、派息，进一步说明什么是除权。 2. 除权价格的基本计算公式。 3. 除权之后股价波动问题探讨。	阐明学习内容、重难点，可使学生学习思路清晰。

续表

教学环节	教学步骤及师生活动	教学内容	设计意图
课堂教学环节1:关于除权、除息的概念引入	教师提问:为什么会产生价格缺口?学生回答:价格缺口的原因	凯乐科技除权之后股价缺口问题: 图片:凯乐科技（600260） 说明:除权价与前一个交易日的收盘价比较存在较大的价格缺口。	通过问题导向,进一步引出股票除权、除息的基本概念。
课堂教学环节2:什么是股票除权除息	教师讲解:基本概念引入与讲解师生活动:教师引导学生从概念中提炼重要的关键词	什么是股票除权除息?（引用百度百科） 除权除息是上市公司将股票股利分配给股东,也就是公司的盈余转为增资时,或进行配股时,就要对股价进行除权(XR),XR 是EXCLUDE（除去）RIGHT（权利）的简写。上市公司将盈余以现金分配给股东,股价就要除息(XD),XD 是 EXCLUDE（除去）DIVIDEND（利息）的简写。除权除息日购入该公司股票的股东则不可以享有本次分红派息或配股。 通过对百度百科中除权除息概念的界定,提炼如下三个关键词: （1）分红派息; （2）送股; （3）配股。 进一步引入除权除息→除权价（概念） 公司给股东配发股票股利期间,股价一般要除去公司配发给股东的那部分权值。	资料查阅与关键词的提炼。

教学环节	教学步骤及师生活动	教学内容	设计意图
课堂教学环节3：除权、除息等三种情况研究	教师讲解：情况1：分红派息 学生活动：总结分红派息时除权价的计算方法	思考：一只股票前一天的收盘价是2.80元，分红数量是每股5分钱。除权价为多少？ 变化前 / 变化后<table><tr><td colspan="1">变化前</td><td colspan="2">变化后</td></tr><tr><td>2.80元</td><td>0.05元</td><td>2.75元</td></tr><tr><td>前一天收盘价</td><td>每股分红</td><td>除权价</td></tr></table>方法：将前一天的收盘价减去分红派息的数量。 公式总结： 派息→除权价＝前一天收盘价－每股分红	对分红派息、送股、配股三种情况中变化前、变化后进行分析。
	教师讲解：情况2：送股 学生活动：总结送股时除权价的计算方法	思考：一只股票前一天的收盘价是3.90元，送股的比例是10送3。除权价是多少？ <table><tr><td colspan="2">变化前</td><td colspan="2">变化后</td></tr><tr><td>3.90元</td><td>100股</td><td>0.05元</td><td>130股</td></tr><tr><td>前一天收盘价</td><td>前一天股数</td><td>股权价</td><td>送股后的股数</td></tr></table>方法：将前一天的收盘价除以第二天的股数 公式总结： 送股→除权价＝前一天收盘价/（1＋送股比例）	
	教师讲解：情况3：配股 学生活动：总结配股时除权价的计算方法	思考：一只股票前一天的收盘价是14.00元，配股比例是10配2，配股价是8.00元。 <table><tr><td colspan="3">变化前</td><td colspan="3">变化后</td></tr><tr><td>14.00元</td><td>100股</td><td>8.00元</td><td>20股</td><td>100股</td><td>13.00元</td></tr><tr><td>前一天收盘价</td><td>前一天股数</td><td>配股价</td><td>配股后的股数</td><td></td><td>除权价</td></tr></table>方法：计算时还要把配股时所花的钱加进去。 公式总结： 配股→除权价＝（前一天收盘价＋配股价×配股比例）/（1＋配股比例）	

教学环节	教学步骤及师生活动	教学内容	设计意图
课堂教学环节4：关于除权价格计算总结	师生活动：总结以上三种情况的基本公式	怎样计算除权价： （1）除息价＝股权登记日收盘价－每股所派现金； （2）送股除权价＝股权登记日收盘价／（1＋送股比例）； （3）配股除权价＝（收盘价＋配股比例×配股价－每股所派金）／（1＋配股比例）。	分析：分子→资金；分母→股票数量。
	问题思考→学生回答	除权价格的一般公式(送股、配股、派息) 参考：送红、派息、配股 除权价＝（收盘价＋配股比例×配股价－每股所派现金）／（1＋送股比例＋配股比例）	请学生自己总结。
课堂教学环节5：除权价计算及其案例分析	具体计算实例教师提问→学生回答	（1）某A股的股权登记日收盘价格为30元／股，送配方案为10配5。配股价为10元／股。 （2）某股票上日收盘价为20元，每10股送5股派5,问其除权除息价为多少？ （3）蒙牛公司确定进行资本变动,经股东大会决定,每股派息0.1元,每10股送2股,每10股配售8股,已知前一天的收盘价是10元,配股价是3元,该公司此时的股票除权价？ 以上三道题目参考答案： （1）（30＋10×0.5）／（1＋0.5）＝23.33元 （2）（20－0.5）／（1＋0.5）＝13元 （3）（10－0.1＋0.8×3）／（1＋0.2＋0.8）＝6.15元	请学生回答,发起抢答。

教学环节	教学步骤及师生活动	教学内容	设计意图
课堂教学环节6：除权价计算及其案例分析	场景展示 2010.4.8 收盘价：19.21 元	公司名称：中天金融（000540） 见下表 注意：分红、送股、转增股等设定单位：每10股	
	2010.4.9 除权情况展示 教师展示→学生回答		通过图示与方案进行说明。
		具体方案： 分红（每10股）→ 0.70 元 送股（每10股）→ 6 股 思考：除权日的股价为多少？	该部分内容请学生回答。
		参考答案： 除权价 = $(19.21 - 0.07)/(1 + 0.6) = 11.96$ 元	
	2011.7.12 除权情况展示 教师展示→学生回答	2010.7.12 收盘价：15.88 元 	通过图示与方案进行说明。

公司名称：中天金融（000540）

公告日	分红	送股	转增股	登记日	除权日	备注
2019-08-30	—	—	—	—	—	董事会通过
2018-08-31	—	—	—	—	—	董事会通过
2018-04-04	0.0	—	5.00	2018-05-16	2018-05-17	实施
2017-08-29	—	—	—	—	—	董事会通过
2017-04-26	2.00	—	—	2017-07-11	2017-07-12	实施
2016-08-30	—	—	—	—	—	董事会通过
2016-02-06	2.00	—	—	2016-04-21	2016-04-22	实施
2015-08-28	—	—	—	—	—	董事会通过
2015-02-17	2.00	5.00	10.00	2015-03-31	2015-04-01	实施
2014-08-15	—	—	—	—	—	董事会通过
2014-04-22	3.00	—	—	2014-07-08	2014-07-09	实施
2013-08-21	—	—	—	—	—	董事会通过
2013-04-27	1.00	—	—	2013-07-11	2013-07-12	实施
2012-08-29	—	—	—	—	—	董事会通过
2012-04-26	1.00	—	—	2012-07-13	2012-07-16	实施
2011-08-31	—	—	—	—	—	董事会通过
2011-04-22	1.00	4.00	—	2011-07-11	2011-07-12	实施
2010-08-07	—	—	—	—	—	董事会通过
2010-03-10	0.70	6.00	—	2010-04-08	2010-04-09	实施
2009-08-21	—	—	—	—	—	董事会通过

注意：分红、送股、转增股等设定单位：每10股

续表

教学环节	教学步骤及师生活动	教学内容	设计意图
课堂教学环节6:除权价计算及其案例分析	2015.4.1除权情况展示 教师展示→学生回答	具体方案: 分红(每10股)→ 1.00 元 送股(每10股)→ 4 股 思考:除权日的股价为多少?	该部分内容请学生回答。
		参考答案: 除权价=(15.88−0.10)/(1+0.4)=11.27 元	
		2015.4.1 收盘价:35.78 元 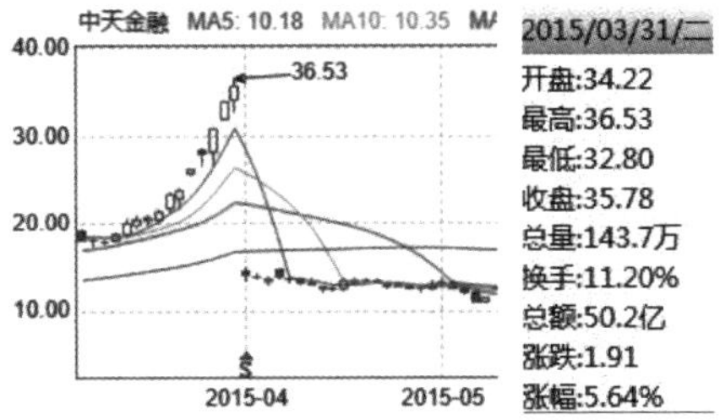	通过图示与方案进行说明。
		具体方案: 以公司最新股本 172 199.7481 万股为基数,每10股送5股转增10股并派发现金红利2.00 元。 提炼: 分红(每10股)→ 2.00 元 送股(每10股)→ 15 股 思考:除权日的股价为多少?	该部分内容请学生回答。
		参考答案: 除权价=(35.78−0.20)/(1+1.5)=14.23 元	
课堂讨论	讨论题目:一般来说,股价除权之后二级市场价格会发生什么样的变化?	除权之后股价的波动问题(走势展示)  相关解释:(1)涨权;(2)跌权;(3)平权。	学习通发起讨论。

教学环节	教学步骤及师生活动	教学内容	设计意图
	讨论结果→词云展示	1. 现场展示：随时对学生的讨论内容进行评论。 2. 讨论结果生成词云，在此基础上进行深度学习与知识创造。 	成果衍生。
预习任务	从宏观到中观了解基本面	任务点：基本面分析（宏观）。	下节课课前预习
知识总结与深度学习	教师总结＋学生讨论结果生成词云＋深度学习	1. 教师总结。 （1）送股、配股、派息； （2）除权价的计算。 2. 课堂讨论（见课堂提问与讨论部分）：讨论结果生成词云，在此基础上进行深度学习，创造新知识。	强化记忆，有助于学生对知识结构的梳理和总结。
课后作业	课后思考	1. 根据本次讨论结果→词云进行内容感悟。 2. 根据词云构建思维导图，学习除权之后股价波动的各项要素。	课后作业。

教学评价

教学评价	1. 通过对除权价格计算公式进行分析,让学生区分送股、配股、派息等问题的内涵,检测学生是否掌握除权的基本概念。 2. 通过互动讨论→关于除权之后股价波动问题,展示词云,检测学生能否通过"头脑风暴法"进行知识串联。

教学设计感悟

投资学课程在线上、线下混合教学创新上注重问题导向与成果导向相结合的教学路径,通过选用现有的教科研成果,分别提炼除息除权、套利交易、汇率风险、金融互换、征信体系等关键词,通过构建思维导图进行知识连接,将科研成果运用到教学设计中,进一步通过深度学习实现教学与科研有效地融合,最终将科研成果植入教学、互动讨论与词云分析、思维导图的构建与教科研融合等问题中,结合现代教学路径——"问题导向与科研驱动教学模式",实现教学模式革新。本次教学设计主要对问题导向、场景展示、互动讨论、词汇与深度学习等维度进行设计。

本次课堂教学创新从教科研融合角度进行研究,通过科研成果导向与教学设计在教学模式中的改进,将科研成果提炼为重要的相关理论,以对其相关理论与教学环节之间的教学步骤进行有效补充。同时,通过成果分享与课堂互动讨论进行词云分析,将其关键词进行有效的连接,从而通过构建思维导图形成新的知识链,最终通过对知识链进行文字性描述形成新知识、新观点,结合最新的学科前沿知识拟定新的话题,再次转化成新成果,并反馈到课堂教学中,从而有效地实现了教科研融合。

科研成果与教学之间的融合是当前教学改革中的一条重要的途径,也是教科研融合的亮点。因此,科研驱动教学是当前解决教科研之间不对称问题的重要依据。同时,在课堂教学中,教师也可以结合教学内容与当前最新的科研成果实现有效的融合,通过课程基本理论、课堂互动讨论等方式进行归纳与总结,提炼重要的关键词,形成最新的成果,新成果的转化最终可以有效地实现对教学内容的补充,实现真正意义上从成果导向到教学设计的对接,通过教学设计最终实现教科研融合,从而解决目前科研驱动教学中面临的困境。

▶ 教师简介

　　常冶衡,1983 年生,山东青岛人。2007 年入职以来,主要承担投资学、金融学、证券投资分析等课程教学。先后在《财会月刊》《财会通讯》《会计之友》《价格理论与实践》等刊物上发表论文 24 篇,其中北大核心期刊 9 篇,6 篇科研成果融入投资学、金融学课程教学。通过成果导向、教学设计与科研驱动教学模式进行教学创新设计,获得山东省第八届青年教师教学比赛一等奖 1 项、山东省第七届青年教师教学比赛二等奖 1 项、山东省疫情下教学典型案例三等奖 1 项。

领导的一般理论教学设计

教学目标

知识目标	1. 认知领导特质理论,理解当代特质理论的核心思想和现代领导特质的"养成性"。 2. 认知领导情境理论的内容,理解并掌握不同情境下的领导方式及其背后逻辑。
能力目标	1. 根据当代领导特质理论的启发,有意识地审视自我,对自我知识、技能和能力进行综合评估。 2. 根据领导情境理论的情境性,培养自己的领导能力,包括"学习力"和情境"应变能力"。
情感目标	1. 在客观认识自己的基础上接纳自己。 2. 每一个团队都是由独立且丰富的个体组成,"花色各异,花期有差"。 3. 领导者应当热爱自己的事业,接纳和包容团队的每一个需要和想要进步的个体。
思政目标	1. 感悟到优秀的领导者身上不只有丰富的知识和熟练的技能,更有与世界友好相处的决心和习惯。 2. 领导者应该具有积极进取的事业心和包容接纳团队成员的胸怀,并在百变的环境中保持初心并不断创新。

教学内容

教学内容	1. 领导特质理论：传统特质理论、当代特质理论。 2. 学习通投屏讨论(学生用学习通手机端作答)：《西游记》中的西天取经团队——孙悟空、猪八戒、沙僧、唐僧四人中，为什么只有唐僧才能做取经团队的领导者？根据上述讨论结果生成词云，在此基础上进行全面且有深度的思考。 3. 领导情境理论。 4. 学习通投屏——问卷并提问(学生用学习通手机端作答)：你怎么发挥领导才能来领导下述三类所谓的"问题员工"？通过回答现场总结并归纳，形成认知，达成共识，获得理解。 5. 知识归纳与总结：领导特质理论是什么？有什么理论缺陷？领导情境理论是什么？如何进行情境领导？
板书设计	1. 领导特质理论：传统特质理论——宿命论； 　　　　　　　　当代特质理论——养成记。 2. 领导情境理论：四类员工； 　　　　　　　　四类领导类型。 　　结论：告知型——R1； 　　　　　推销型——R2； 　　　　　参与型——R3； 　　　　　授权型——R4。

课程资源

课程资源	管理学在线课程：卓有成效的管理。 http://i. mooc. chaoxing. com/space/index?t=1551917172479

教学分析

教学重点	重点	1. 领导特质理论：传统特质理论和当代特质理论。 2. 下属成熟度及其分层。 3. 领导情境理论的结论。
	对策	1. 通过对传统特质理论的观点进行解析和评价，让学生对传统特质理论质疑，进而理解和掌握当代特质理论的理论基础和理论基本观点，明确领导力的养成性特征。

	对策	2. 根据成熟度的分类,让学生认知到作为一个可以贡献价值和效率的个体,工作成熟度优于心理成熟度,进而对成熟度的四个层次有深度认知。 3. 领导情境理论最终是一种灵活的领导策略。是一种弹性的领导力,用苹果创始人乔布斯的案例给学生形成实践认知。
教学难点	难点	1. 领导特质理论的思辨。 2. 领导情境理论的观点挖掘。
	对策	1. 通过各种小例子,让学生意识到特质是一种基础,拥有这些特质可以使领导者更加容易成为卓越的领导者,但不是充分条件,基础可以加厚,没有特质的情况下可以通过后期的实践、系统教育和学习进行弥补。 2. 关于惯性思维:成熟度与年龄的关系,举例说明。

学情分析

	优势	学生通过前面组织文化中组织文化的学习、构建和作用等知识对中高层管理者的领导力有一定的认知和理解,通过人力资源管理中人员的考评和规划等内容对领导、领导力和领导艺术有了一定的认知和感悟。
学习者分析	不足	1. 没有实际的领导者经验,学生对理论的认知难免较为疏浅,只能通过过往阅读和自己有限的社会实践与观察进行理解。 2. 学生习惯用简单的、短期的思考去理解复杂问题,比如对成熟度低、较低和较高的员工的领导策略过于粗暴,这种思路固然效率高,但是对领导者的全貌和工作的复杂性的理解难免有不周全、不到位的问题。

教学思想

设计思想 1	1. 以学生为中心,发挥学生的主体作用。重点内容重点讲解,把握教学节奏,合理应用教学方法,如全员参与思考并随机提问法,通过提问与讨论引导学生思考,分享观点,形成思维共振。 2. 在讲述领导特质时,随讲随问;在讲述下属成熟度时,随讲随问;在巩固环节进行思考、提问并讨论;在讲述领导情境理论时,提问并讨论,筛选好的观点进行深化分享与探讨。
设计思想 2	1. 领导者类型导入→引起话题→领导特质→领导特质理论缺陷→引出情境理论→根据情境理论给出领导力的最终结论。 2. 结合以上思路进行具有一定广度和深度的学习,启发学生思考和参与,激发学生学习兴趣和学习潜力。充分运用投屏对学生选择和观点进行充分分享和头脑风暴。
思政融入点	1. 开篇案例导入处:优秀的领导者是社会的资产,他们在各自的领域贡献卓越,他们的思想、行为和贡献对当代及后世产生深远的影响,优秀的企业家通过自己卓越的领导力,为企业的持续发展贡献力量,推动了社会进步,为社会创造价值,带来了努力能改变世界的正向价值观。 2. 领导特质理论:正确的思想和价值观能够促使领导者不断奋进,不断创新,积极进取,自我修炼和提升并积极改变自己,努力学习,成为具备多特质的优秀社会人才。 3. 领导情境理论:员工个体有积极的人生态度就必然有积极的工作态度,树立正确且积极的人生观是个体职业发展的必需和核心。没有一成不变的领导方式,领导者应该与时俱进,不断改进自己的领导行为,使自己和团队贡献更大的价值,实现更伟大的目标。

教学模式及手段

教学模式	实际案例讨论—知识总结—发起线上讨论—深度学习—拟定新的研究话题。
教学手段	1. 利用案例教学法,通过具体案例去理解相关知识。 2. 互动式教学,通过互动过程增强学生学习记忆。 3. 知识归纳与总结:知识的进一步提炼。 4. 发起讨论(学习通手机端):讨论结果并进行深度学习。

教学过程及设计

教学环节	教学步骤及师生活动	教学内容	设计意图
课堂导入	教师提问： 他们是否已在自己的领域做到了卓越？ 他们是优秀的领导者，甚至是行业领袖吗？ 虽然领域不同，但是他们身上是否有共通之处？	张瑞敏　任正非 董明珠　马化腾 方洪波　雷军 …… 他们在自己的行业领域贡献卓越，凭借自己优异的领导才能和艺术，改变了自己所在的企业或行业。他们的共性在哪里呢？	通过对优秀领导人物的列举，明确各个领域优秀领导者是社会资产，明确他们共同优异点在于哪些方面。
	教师阐述教学内容	教学内容： 领导特质理论。	阐明本节课第一个学习内容。
课堂教学环节1： 1.1 领导特质理论——传统特质理论	讲授： 领导特质理论的提出	1. 理论认知。 （1）什么是特质理论：特质理论研究领导者的特征，试图区分领导者和一般人的不同特点，并以此来解释他们成为领导者的原因。 特质理论强调：找到领导者与众不同之处，进而进行识别和重用。根据提出时间的不同分为传统特质理论和当代特质理论。 （2）特质理论：传统特质理论。 早期的特质理论——伟人论：领导者的领导才能是与生俱来的。 具体内容：生理状况、外貌、社会阶层、情绪稳定性、语言流畅、社交能力。 传统特质理论强调：天赋，与生俱来等宿命论的观点。 预设学情：学生对传统特质理论会提出疑问，天赋领导具有不可靠性和某种程度的荒诞性。	通过阐明观点，引起学生的旧知，明确"伟人论"的理论缺陷。

教学环节	教学步骤及师生活动	教学内容	设计意图
		当下的很多研究表明,传统特质论中许多指标可以进行提升,并非与生俱来。	
1.2 当代特质理论	教师讲解:随讲随问不断穿插实例引发学生思考延展:当今VUCA时代,是否有个别特质是这个时代领导者必须具备的?	预设学情:学生会对当代特质理论的优秀领导指标好奇。 理论基本观点:当代特质理论——领导是个动态过程,领导者的特性和品质是在实践中形成的,是可以通过教育训练培养的。 在众多特质理论中,重点介绍领导八大特质。 2. 理论延展:与领导有关的八大特质。 (1)进取心:努力程度、成功欲望、精力充沛、坚持不懈; (2)领导愿望:影响他人、承担责任; (3)诚实与正直:言行一致; (4)自信:不自我怀疑; (5)智慧:正确决策、创造远景; (6)工作相关知识:渊博的知识、决策能力; (7)外向性:善于交际、坚定果断; (8)自我内疚倾向:对他人负责任。 进取心的表现→立志,渴望成功,付出持续不懈的努力。(此处需要说明:立志容易,坚持更难,争取成功。) 思政融入: 此处需要点明两点: ① 立志需要立明志——清晰的志向; ② 需要努力并坚持不懈——一万小时定律; 领导愿望的表现→引出说服力→引发思考→日常相处中的个人说服力,是说服方还是被说服方? 第二个表现:一定是主动承担责任。主动承担责任才可以建立影响力。	逐条讲解,提问,让学生们自我审视,发现自己身上的领导特质,强化优点,弱化缺点。

续表

教学环节	教学步骤及师生活动	教学内容	设计意图
1.2 当代特质理论		解释原因:因为说服力是领导意愿的直接表现,擅长说服别人,有利于共同完成目标。 主动承担责任的领导才有担当和信任。 诚实与正直:指标的特殊性——该指标不易衡量,也不易评价,一般不进行单独描述,但是领导者一旦该指标出现问题,具有不可逆性。 以"明星"失去该指标后的价值全失,联想身边实例,引发学生思考。 自信:讲解自信对比自卑对团队的影响——士气、凝聚力、必胜的信心。 思政融入:培养自信的方法——成功。因此要树立具有挑战性的目标,用成功培养自信,没有成功的自信是无本之木。 智慧与工作相关知识:激发旧知(人才冰山模型)。 外向性:优秀领导者的眼界向外,关注外部世界的变化。不纠结于内心的敏感,关心员工和其他管理者。 思辨:互联网时代的领导者外向型的新表现。 自我内疚倾向:常思己过,对自己和别人负责任。 思政总结:永不止步,过往成功皆是序曲,充满信心,关心外部世界,多体验和尝试,常思己过是优秀领导者具备的特质。正确的思想和价值观能够促使领导者不断奋进,不断创新,积极改变自己,努力学习,成为具备多特质的优秀社会人才。	此处引导学生:所有成功背后都是多因素的,不可片面看人,优秀领导者之所以成就斐然并非因为运气好,而是来源于长期的努力和自我修炼。
1.3 线上投屏讨论	师生互动 生生互动 学习通投屏	《西游记》中的西天取经团队——孙悟空、猪八戒、沙僧、唐僧四人中,为什么只有唐僧才能做取经团队的领导者? 根据上述讨论结果生成词云,在此基础上进行全面且有深度的思考。对领导特质理论有更深的理解和巩固。	通过分析唐僧的特质进而对团队领导者有更全面的认识。

教学环节	教学步骤及师生活动	教学内容	设计意图
1.4 理论思辨	首先提问：领导特质理论有没有什么理论缺陷呢？答案：有。根据回答引出对领导特质理论的全面了解。	特质理论的理论缺陷： （1）因果关系不足，个体是因为某些特质成为领导者，还是因为工作的成功成为领导者。 （2）忽略了领导者与团队成员的互动以及情境因素。 （3）个体应该具备的特质应该达到什么程度，未给出有效的指南。 （4）拥有合适特质使个体更有可能成为一名有效的领导者。 逐条简单讲解。由此引出学生写论文的逻辑规范问题。因果关系的表现：前因后果，一因多果，一果多因。 提出新的角度，考虑领导者与团队成员的互动及情境因素。	
课堂教学环节2：领导情境理论	师生互动： 第一步：教师抛出问题。 第二步：学习通问卷选择答案。 第三步：根据选项给出领导方法及说明原因。 第四步：总结并上升至理论——领导情境理论。	问题提出： 你打算怎么办？ 第一种：既不胜任工作，又缺乏动机； 第二种：愿意成大工作，但是缺乏能力； 第三种：有能力，但无足够的意愿和动机。 预设学情： 首先，同学们会对这个问题非常感兴趣，因为它直接又有趣，且具有一定的深度。 其次，大部分同学会选择第二种和第三种类型的员工。因此我们不喜欢，不愿意把领导的时间、精力和才华用在"躺平"与"摆烂"的员工身上。 思政融入："躺平"与"摆烂"不是积极的人生与工作态度，最终有可能被组织淘汰，因此要树立积极的人生观。 学习通投屏分析大数据结果；根据以往统计结果，全部参与同学会选择第二种和第三种，没有人选择第一种。	先对领导的情境进行大致认知。通过投屏和大数据统计促使同学们积极参与到课堂思考和分享中来。

续表

教学环节	教学步骤及师生活动	教学内容	设计意图
课堂教学环节2：领导情境理论	教师按照理论逻辑结合回答，顺次讲解。 教师提问引发思考：成熟度是时间概念吗？	根据投票结果分享观点； 最后，汇总并及时分析观点，给出结论，重点分析后两种。 上升至理论——引出领导情境理论 1. 理论认知：领导情境理论。 保罗·赫塞和肯·布兰查德提出广受追捧的情境领导理论，聚焦于下属的成熟度的权变理论。 （1）成熟度低。 既不胜任工作，又缺乏自信。 （2）成熟度较低。 愿意承担工作，但缺乏能力。 （3）成熟度较高。 具有完成工作所必需的能力，但是没有足够的意愿和动机。 （4）成熟度高。 能够并且愿意完成领导者交给的任务。 激活旧知：工作成熟度回顾"人才冰山"理论。 心理成熟度强调工作的意愿和责任感。 解释：高质量员工特点，高能力背后产生高绩效的基本逻辑。因此解释成熟度的划分时，将工作能力强，但是工作意愿低放在了较高级别，而将工作能力低，工作意愿强放在了较低级别。 除高级别外，其他三类前面已经分析。 2. 两大领导维度：任务行为、关系行为。 告知型（高任务、低关系）：做什么，怎么做，哪里做，如何做，不重视关系和激励。 推销型（高任务、高关系）：同时表现指挥性和支持性行为。 参与型（高关系、低任务）：沟通并促进下属的积极性，共同决策。 授权型（低任务、低关系）：很少提供指导和支持。	

教学环节	教学步骤及师生活动	教学内容	设计意图
课堂教学环节2：领导情境理论		3. 领导策略。 结合刚才的提问及回答，详细解释领导策略的背后逻辑。 （1）告知型：不得放弃，只有不拖后腿才是对团队最好的选择。 领导策略：告知做什么，怎么做，什么时间做，如果做不好的惩罚是什么。但不必致力于打造关系。 （2）推销型：需要扶持，需要关怀。 领导策略："牛人"带新，适当鼓励与肯定。 （3）参与型：留住并转化为双高。 领导策略：尊重，沟通以全面了解其需求。 （4）授权型：提供平台。 最终结论：根据以上对应员工类型：当下属达到更高的成熟度以后，领导者不仅应该降低对行为的控制度，更应该减少关系型行为。 告知型领导风格——R1无能力且无意愿； 推销型领导风格——R2无能力但是有意愿； 参与型领导风格——R3有能力但是无意愿； 授权型领导风格——R4有能力且有意愿。 4. 理论延展。 成熟度：承担责任的愿望和能力，是心理年龄的范畴，与时间年龄无关。 领导启示：下属的成熟度不断变化，领导者需要不断评估下属的工作能力和工作意愿，并调整自己的关系行为和任务行为与之适应。 刻板印象： 举例说明，比如医生职业的年龄认知。列举身边低成熟度员工的工作表现。	

续表

教学环节	教学步骤及师生活动	教学内容	设计意图
课堂教学环节2：领导情境理论	总结并穿插思政	明确人的成熟度是个心理概念,不是时间概念,注意刻板印象给工作带来的负面影响。 总结并穿插思政:领导者的使命是在促进员工成长的过程中,同时实现组织目标。人的问题永远是领导和管理的核心,不能简单粗暴,需要合理、合情,更需要艺术。因此领导者需要不断改变自己,挑战自己,不断学习,度己及人。	
知识总结与深度学习	教师总结+学生讨论结果生成词云+深度学习	1. 教师总结。 （1）领导特质理论: 传统特质理论:与生俱来的宿命论; 当代特质理论:实践、学习和有意识地培养。 （2）领导情境理论: 下属的成熟度:心理成熟度,工作成熟度; 领导类型:告知型,授权型,推销型,参与型; 员工类型:R1,R2,R3,R4。 2. 两个课堂讨论(见课堂提问与讨论部分):讨论结果生成词云,在此基础上进行深度学习,创造新知识。	教学小结串联知识点,强化记忆,有助于学生对本节主要教学内容和知识结构的梳理和总结。
预习任务	第十章	预习内容: 1. 激励是什么含义？动机产生的心理假设是什么？ 2. 内容型激励理论:需要层次理论、双因素理论以及成就需要理论的基本内容。(要求:能够在预习中有对生活案例或者其他案例的联想。) 3. 过程型激励理论:公平理论、期望理论和强化理论的基本内容及其行为改善点。(要求:对自己不理解的地方可以进行资料查阅。) 4. 线上课程学习:领导实务——激励。	下节课课前做预习题目。

课后作业

课后作业	学习通会发放本节课的基础练习题,以基本知识为主。时间为两个小时。提交后不会再进行二次发放。

课后反思和总结

课后反思和总结	1. 教学理念。 (1)线上线下教学利用学生课余的碎片化时间,缩短教学时长,丰富学生学习的形式,补充课本之外的新知识,增长见识。 (2)教学方式注重运用新方式,方式需要灵活多样,坚持启发式教学,问题导向引导,广参与,多提问,多讨论,多分享。 2. 教学方法。 (1)教为主导,学为主体,培养学生学习兴趣,调动学习积极性和主动性,坚持课堂约有四分之一的时间属于学生; (2)大数据与平台化对学生课前课后学习情况和效果准确地跟进和反馈,课中注重面对面沟通。 3. 教学过程。 (1)对于重难点使用课堂互动、问题情境导入、案例模拟、讨论总结、课后练习等多种方式对学生的学习过程与效果进行综合了解; (2)加强过程性考核,调用课堂活动方法,保证学生在参与中掌握理论,形成认知,学以致用,提升能力。

教学设计感悟

作为黄海教师,我已从教 16 年。在此期间,我不断地看书学习以丰富自我,希望在教师工作岗位上,无愧于心,不断实现教学相长。我教授管理学课程亦有 16 年,在持续的讲授和学习中,积累了一些教学的心得和体会。

管理学是需要不断累积、沉淀和学习的学科,为了讲授好这门课,我每年都需要阅读 3～5 本相关专业书籍,并且持续关注商业和经济的变化,我订阅了 8 个公众号,包括虎嗅、吴晓波频道、春暖花开、正和岛、哈佛商业评论、混沌学园等,每天关注管理、经济和商业的变化,获取新的知识、新的理念,积累大量的案例,以备上课时信手拈来。

同时,教学要以学生为根本主体。说易行难,为了充分体现这一理念,我进行了多种创新和尝试。调动学生学习的主动性和积极性是教师上课的重要功课,因此博学广闻可以使我的课堂更丰富也更有深度,但是积极性、主动性和学生主体地位的彻底贯彻需要科学的手段和合理的教学方法。为此,我通过各种角度开发互动题目,从有趣、实用、启发、简单和深刻等多方面设置互动题目,争取每一节课至少有1/3的时间属于学生,用于生生互动和师生互动,给学生更多表现自己、分享自己的机会。同时,充分利用学习通的各种功能,多方位授课。

不同层次的学生有不同的学习诉求,因此需要因材施教,不断摸索学生的关注点。探求能够激发学生积极性的互动题目和教学方法,才能更好地实现课堂的全员参与,使学生学有所得,学有所成。活到老,学到老,探索到老,希望我积极学习和创新的态度可以影响我的学生,让他们能够不断地学习,充实自我,挑战自我。

▶ 教师简介

张奎霞,1981年10月出生,青岛黄海学院国际商学院财会金融系教师。主要教授管理学、经济学等商科相关课程,研究方向为企业管理模式与创新。自2006年从教至今,专注教学,积极钻研教学。参与各等级课题8项,发表论文7篇,编写教材2部,参加多项大赛。获得青岛黄海学院青年教师讲课比赛一等奖以及"优秀指导教师""优秀教师""教学标兵"等荣誉称号。

博弈论和策略行为教学设计

教学目标

知识目标	1. 掌握博弈论的基本概念、特点及分析。 2. 掌握完全信息静态博弈的均衡分析方法、重复博弈和合作博弈。
能力目标	通过对囚徒困境博弈的均衡分析,映射到人与人之间、企业与企业之间、国与国之间合作与不合作的选择,使学生认识到现实博弈过程的根源,并能够熟练运用博弈论的内容解释生活中的经济现象。
素质目标	1. 培养学生在生活中、学习中及未来工作中的合作潜意识和有效方法。 2. 激发学生学习微观经济学的热情,培养学生学习兴趣,让学生理性地看待人生目标。

教学内容

教学内容	1. 博弈→博弈论。 (1)博弈论的含义; (2)博弈论的基本要素: ① 参与者;② 游戏规则与策略集;③ 支付(或结果)。 2. 囚徒困境。 3. 重复博弈。 (1)静态博弈; (2)动态博弈。 4. 合作博弈。 策略:先下手为强。

板书设计 / 思维导图

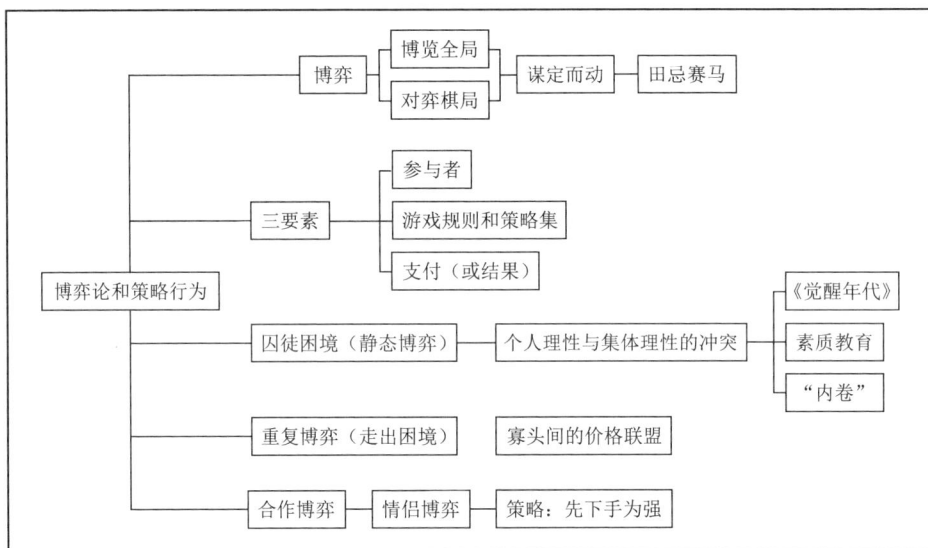

教学分析

教学重点	重点	囚徒困境、重复博弈、合作博弈。
	对策	1. 通过对概念的解释，帮助学生建立概念的初步认知，引入具有对比性的生动有趣案例，增加学生对重点内容的学习兴趣，让学生对"重复博弈"和"合作博弈"有更深入的了解。 2. 使用互动活动、案例讲解等，引导学生加强对重点内容的理解。
教学难点	难点	重复博弈、合作博弈。
	对策	1. 通过教师讲解、举例、课堂讨论等方式，使学生理解、掌握重复博弈和合作博弈。 2. 通过发散思维，举一反三的方式，让学生能够自己对相关知识点进行延伸。 3. 经典案例＋延伸，让学生树立更远的眼界和更大的格局，打开思路，掌握方法的变通与灵活运用。

学情分析

优势	微观经济学课程专业应用性较强，"博弈论和策略行为"部分教学内容贴近生活，有一定的趣味性，可以结合学生感兴趣的实际案例，通过分析经济现象来解释"博弈论和策略行为"的经济原理，在学习中培养学生观察经济现象、分析解决经济问题的能力，调动学生的学习主动性和积极性。
不足	学生对于经济学接触少，知识面相对不足，缺乏一定的案例联想，理论理解上需要给予更多的案例讲解。 思维定式情况时有发生，学生创新性不足，需要鼓励学生大胆创新，敢于思辨，为学生提供新方法，引导学生拓展思路。

教学思想

设计思想1	以重难点为核心，把握教学节奏，关注学生课堂表现。合理应用案例分析教学法和研讨互动教学法，在教师讲解知识点的基础上，配合思考与讨论，让学生掌握所学内容。
设计思想2	选择丰富有趣又贴近生活的经济学案例，配合超星学习通平台信息化手段的使用，融合多种资源，调动学生学习的积极性，让学生看到枯燥学习的另一面，使学生主动参与到案例的讨论中。
设计思想3	在案例设计、内容讲解等方面，融入爱国主义情怀，以《觉醒年代》致敬为中国寻找出路的先驱者，他们对祖国的热爱、对革命和共产党的信仰坚定不移，用鲜血染红高高飘扬的五星红旗，他们用牺牲铺就了如今的强国之路，从而培养学生的理性爱国主义情怀。

教学模式及手段

教学模式	问题提出—案例导入—知识点学习—案例拓展—思辨拓展—小结。
教学手段	1. 利用信息化相关功能，增添课堂多样性，丰富课堂教学手段。 2. 案例教学，根据实际课堂教学情况发起讨论，引发学生深入学习，体现课程的应用性，培养学生思辨能力。 3. 研讨互动，通过营造互动的教学环境，使学生在平等交流探讨的过程中，发生不同观点的碰撞交融，充分调动学生的积极性、创造性。

教学过程设计

教学环节	教学内容	预设学生活动	设计意图
课堂导入	问题提出： 什么是博弈？ 什么是博弈论？	学生从字面来猜测博弈和博弈论的含义。 答案预设： "赌博""辩论""对峙""比赛""双方之间的斗争"等。	设问核心问题，引发学生思考，进入上课状态。以拆字方式解释，博：博览全局，弈：对弈棋局，得到谋定而动的思想，提到大局观，为之后的课程内容进行铺垫。
	案例导入： 《史记·孙子吴起列传》——"田忌赛马" 齐国的大将田忌常同齐威王进行跑马比赛。他们在比赛前，双方各下赌注，每次比赛共设三局，胜两次及以上的为赢家。田忌如何在上、中、下三等马均略差于齐威王的情况下赢得比赛呢？	学生对案例中"田忌却赢得了比赛的原因"进行思考，回答问题，了解博弈。	引出本次课教学内容——博弈论和策略行为，激发学生的学习兴趣。
知识点："博弈论的基本要素"讲解	知识点讲解｜博弈论的三要素。 参与者：博弈分析假定参与者都是理性的。 游戏规则与策略集：博弈参与者必须知道自己及对手的策略选择范围，并了解各种策略之间的因果关系。 支付（或结果）：有可评价优劣的博弈结果。	学生通过课堂讲解和PPT进行学习，同时进行互动。学习过程中需让学生发散思维，加深理解。	从"田忌赛马"案例引出博弈论的基本要素，并对比讲解，学生能够快速进入到学习情景中，便于接受相关知识，加深印象。

教学环节	教学内容	预设学生活动	设计意图
	案例分析： "聪明的狮子" 1. 当你和朋友在森林里遇到狮子应怎么办？ 2. 如果你是这个聪明的狮子，你会怎么办？ 3. 如果你和你的朋友都是聪明人，你俩将会选择何种策略逃跑呢？	关于"聪明的狮子"相关问题，学生可自由分享，坐在座位上直接回答，进行探讨。	借助小案例将理论内容层层剥开，慢慢深入，引导学生全面理解。学生可以建构知识间的联系与脉络，打好理论基础。
	知识点讲解：囚徒困境。 讲解囚徒困境的案例，重点强调个人理性和集体理性的冲突，分析说明。 支付矩阵： 坦白 不坦白 坦白 −7 −7 −2 −10 不坦白 −10 −2 −3 −3	学生通过课堂讲解和PPT进行学习，认真听讲，记笔记，积极回答问题，发表见解，进行互动。	利用生动有趣的案例进行讲解，学生能够快速进入到学习情景中，便于接受相关知识，加深印象。
知识点：囚徒困境讲解	课堂讨论： 为什么会出现囚徒困境？	答案预设： 学生很容易认识到囚徒困境的出现是人的自私性的体现，进而理解其本质就是个人理性和集体理性发生冲突。 答案预设： 集体利益高于个人利益。 学生对个人理性和集体理性发生冲突时的抉择有了正确的认知，对革命先烈满怀敬佩之心，仰慕之心，认识到我们现在的美好生活来之不易，是无数革命先烈用青春、用鲜血、用生命为我们换来的。	思政点： 在那个民智未开，封建思想根深蒂固的年代，正是这群文人志士放弃个人理性，选择集体理性，以自己的满腔热血，以"遍地哀鸿满城血，无非一念救苍生"的坚定信仰，犹如萤火一般，照亮并唤醒了一批又一批的青年人，唤醒了沉睡已久的雄狮。

支付矩阵：

		坦白	不坦白
坦白		−7　−7	−2　−10
不坦白		−10　−2	−3　−3

续表

教学环节	教学内容	预设学生活动	设计意图
知识点：因徒困境讲解	思考： 个人理性和集体理性发生冲突时应该如何抉择？ 《觉醒年代》观后感。 思考： 素质教育中的囚徒困境。 （学生补习与不补习之间的矛盾） 拓展思考："内卷"的原理。 2020年度十大流行语："内卷" "内卷"一词的流行是从"清华卷王"的照片开始的。 "内卷"：内部竞争变得更加复杂、激烈乃至更加非理性，人们为了维持基础的生存和生活资源而付出的努力越来越多，个体"收益努力比"下降。	"我们没有生活在一个和平的年代，我们只是生活在了一个和平的国家。"所以说，每个人对国家都应该有着一份发自内心的热爱，如果没有国家的庇护，那么我们很难享受今天的一切美好。以此激发学生的爱国之情。 学生听讲，从经济学的角度对"内卷"一词有了新的理解。能够将微观经济学理论知识与生活中的方方面面结合起来，用经济学的思维去看待生活。	以此弘扬爱国主义精神，赓续爱国精神的血脉。 做一个思辨拓展内容，提升学生对理论掌握的深度和广度，可以帮助学生更好地理解因徒困境，拓展思路。 西方经济学家引入"重复博弈"的概念，以走出囚徒的困境。
知识点：重复博弈讲解	知识点讲解：静态博弈。 静态博弈是一次性博弈，即每个参与者都只有一次策略选择的机会，而且每个参与者的策略一旦确定，整个博弈结局也就确定了，每个参与者不可能再对博弈的过程施加影响。 知识点讲解：动态博弈。 动态博弈是指参与人的行动有先后顺序，而且行动在后者可以观察到行动在先者的选择，并据此做出选择。	学生认真听讲，记笔记，并跟随互动，加强理解。	

教学环节	教学内容	预设学生活动	设计意图
	重复博弈是同样结构的博弈重复进行多次的过程,是动态博弈的一种特殊形式。 以"重复博弈"分析如何走出囚徒困境,"沉默 + 沉默"成为双方最佳选择,出现纳什均衡——惯犯更容易成功反侦查、反审讯。	答案预设: 此时会有学生分析出来如果是惯犯的话,小偷不会主动坦白,最后结果就是达到了集体理性。 学生听讲,思考知识点与拓展案例的内容,运用重复博弈分析寡头间的价格联盟,自我建立认知。	概括静态博弈和动态博弈,引出重复博弈,回归案例,讲解如何走出囚徒困境,让学生能够有更进一步的了解。同时进行案例拓展,运用重复博弈分析"寡头间的价格联盟"能够稳定的本质。 思政点: 人与人之间、企业与企业之间、国与国之间的合作共赢。
	案例拓展:寡头间的价格联盟。 寡头厂商共谋比竞争更为有利,因而具有共谋的动机。 共谋具有不稳定性:个别厂商不守规则可以得到巨大利益,利益驱动使寡头遵守规则很困难。一方的"叛变"会导致整个博弈崩塌。 出现崩塌时,其他参与者会采取"以牙还牙"的策略。<table><tr><td></td><td>低价</td><td>高价</td></tr><tr><td>低价</td><td>20　20</td><td>200　−100</td></tr><tr><td>高价</td><td>−100　200</td><td>100　100</td></tr></table>		
知识点: 合作博弈 讲解	知识点讲解:合作博弈。 合作博弈亦称为正和博弈,是指博弈双方的利益都有所增加,或者至少是一方的利益增加,而另一方的利益不受损害,因而整个社会的利益是有所增加的。	学生跟随课程讲解,思考、尝试理解,并参与讨论。	概念和理论是枯燥和抽象的,以生活中的案例辅助讲解知识点,帮助学生更好地理解和记忆。
	案例分析:情侣博弈。 <table><tr><td></td><td></td><td colspan="2">女</td></tr><tr><td></td><td></td><td>舞狮</td><td>京剧</td></tr><tr><td rowspan="2">男</td><td>舞狮</td><td>2　1</td><td>0　0</td></tr><tr><td>京剧</td><td>−1　−1</td><td>1　2</td></tr></table>策略:先下手为强		

续表

教学环节	教学内容	预设学生活动	设计意图
知识与能力拓展	思考： 提示学生生活中可能遇到的博弈论现象，鼓励学生发现并总结，进行课堂巩固。	学生思考后将自己的看法回复到超星学习通平台上，由学生自行组织讨论。	对课程中的重点内容进行回顾，鼓励学生主动参与到学习中，利用案例联系来强化所学知识，培养学生理论联系实际的能力，学为所用。

课后反思和总结

课后反思和总结	1. 课前准备阶段，尽量克服经济学理论枯燥、抽象的缺陷，将理论生活化、具体化、案例化，激发学生的学习兴趣。 2. 讲授阶段，加强与学生的课堂互动，激发学生的参与感和积极性。

教学设计感悟

"博弈论和策略行为"节选于国际经济与贸易专业学科基础课——微观经济学课程的第六章，即不完全竞争市场。微观经济学是一门学科基础必修课，同时也是一门知识性、技能性和实践性很强的课程，旨在将微观经济学基本理论与中国经济发展实践结合，引导学生在马克思主义基本立场、观点和方法指导下理解经济学理论；培养学生的经济学思维，提升理解、分析现实问题的能力，形成勇于思考探索的创新精神；引导学生具备坚定的中国立场，熟悉中国经济改革发展的伟大实践，正确理解党和国家的重大经济决策，从而形成正确的价值观。

微观经济学课程开设在第二学期，是学生进入大学后最先接触的学科课程，且在这之前并没有相关知识的积累，知识面相对不足。因此，在对本课程进行教学设计时，要考虑到学生的基本情况，要将复杂的内容简单化，考虑到课程本身性质，在微观经济学课程的整体教学设计中，均以案例教学法和研讨互动教学法为主，带动学生学习具体内容。

"博弈论和策略行为"节段主要是在讲授不完全竞争市场部分时对内容深化的讲解。博弈论其实是应用数学的一个分支，博弈论学派中最经典的纳什思想理论最先出现在数学领域中，然而作为一种结合了数学的研究方法，博弈论在经济学研究中得到了广泛的应用。微观经济学原本就是一门研究资源、需求以及配置的学科，在基于理性经济人的基础上，追求经济效益的最大化。在经济学中，许多理论可以从博弈的角度进行思考。

结合微观经济学课程教学的总体思路与"博弈论和策略行为"的基本情况，在进行本次课设计时的主要构思如下。

一、以案例教学为主

在进行本节段的教学设计时，融入了较多的案例。在课堂导入时，以《史记·孙子吴起列传》中记载的"田忌赛马"作为案例，讲解博弈和博弈论的含义，激发学生的学习兴趣。之后，在此基础上分析出博弈论的三要素，并运用自编案例"聪明的狮子"对学生的学习情况加以巩固。

在知识点讲解时，分别讲解了囚徒困境、寡头间的价格联盟、情侣博弈等案例，且案例之间存在相关性，使课程内容能够很容易地串联起来。囚徒困境的出现，使人们开始分析其原因，并寻求走出囚徒困境的办法，以此提出了重复博弈的概念，形成纳什均衡，也为学生解释了为什么惯犯更容易成功反侦查、反审讯。而重复博弈在经济学中最直观的体现就是寡头间的价格联盟，价格联盟形成后，具有不稳定性，此时寡头就会在联盟出现崩塌时，采取"以牙还牙"的策略。

二、在主线教学的基础上结合网络热词进行思维拓展

在讲解囚徒困境时，引发学生思考素质教育之所以难以推动的原因，学生与家长在是否进行补习的两难抉择中寻求出路何尝不是一种囚徒困境呢？这里可以让学生试着分析为什么会出现这样的情况。之后，再进一步进行深入的思维拓展，对 2020 年度十大流行语之一"内卷"的原理进行分析。

三、将课程思政与教学内容有机结合

高校立身之本在于立德树人，要坚持把立德树人作为中心环节，课程思政是新时代立德树人的一个立意高远的创新。本节课的教学设计主要在两个地方融入了课程思政。一是在讲解囚徒困境时，引导学生思考个人理性和集体理性发生冲突时应该如何抉择？这里引入庆祝中国共产党成立100周年优秀电视剧之《觉醒年代》，以陈独秀、李大钊等革命先烈为例，弘扬爱国主义精神，赓续爱国精神的血脉。二是在讲解重复博弈时，强调人与人之间、企业与企业之间、国与国之间的合作共赢思想。

四、以学生为中心，构建课程学习共同体

平衡线上线下学习内容，借力超星学习通网络教学平台，开展学生个体化的督学、导学，进而推进案例教学的实施，加强学生对知识点的理解。同时，利用网络教学平台的优势，加强课堂讨论和师生互动，构建教师讲授为主、学生共同参与的线下共同课堂。

课堂教学的主体是学生，因此，在课堂教学中，应改变旧的教学模式，大胆开放地去尝试，精心地去设计，让学生真正成为课堂的主人，用教师的人格魅力和轻松愉悦的授课氛围吸引学生喜欢这门课程，进而提高课堂教学效果。

▶ 教师简介

张瑜，青岛黄海学院国际商学院教师，讲师，研究方向为区域经济。主要从事微观经济学、会计学、跨国公司与国际直接投资等课程教学，发表学术论文4篇，主持和参与多项校级和市厅级科研及教学改革课题，参与多项在线课程的录制与建设，将价值导向与知识传授相融合，把课程思政理念融入微观经济学、会计学等学科教学中，在教学中进行创新。获得校级教师讲课比赛"教学标兵"称号2次、校级信息化教学竞赛二等奖以及校级"优秀共产党员"称号。

堆码方式教学设计

教学目标

知识目标	1. 了解堆码前的准备工作。 2. 掌握商品堆垛的要求和形式。 3. 掌握堆码的原则。 4. 学会货垛的设计。 5. 学会托盘化堆码方式。
能力目标	1. 能根据货物的数量及性质进行堆码。 2. 掌握货物堆码方式,并根据货物性质不同,学会堆码。 3. 学会托盘式堆码方式。
素养目标	培养学生堆码方式的应用解,通过各种堆码现象学会堆码的设计,在此基础上学会托盘化堆码方式。

教学内容

教学内容	1. 商品堆垛的要求和形式。 2. 堆码前的准备工作。 3. 堆码的原则。 4. 货垛的设计。 5. 托盘化堆码方式。

课程资源

课程资源	1. 视说智能仓储超星课程。 https://mooc1-1.chaoxing.com/mycourse/teachercourse?moocId=216952306&clazzid=37957326&edit=true&v=0&cpi=173697271&pageHeader=0 2. 网络共享课程视频。 主题：仓储管理 中国大学 MOOC。 https://www.icourse163.org/learn/WHUT-1206647805?tid=1206973204#/learn/announce

教学分析

教学重点	重点	1. 堆码的原则。 2. 货垛的设计。 3. 托盘化堆码方式。
	对策	1. 教师对堆码的原则、设计、托盘堆码等方面进行总结，通过对其进行深度讲解使学生掌握。 2. 通过日常生活中的实例，让学生理解堆码方式，再通过平面、立体图让学生掌握。
教学难点	难点	1. 多种堆码方式。 2. 托盘化的组托方式。
	对策	1. 用示意图让学生进行讨论，讲解不同堆码的区别。 2. 给出实例，学生进行托盘组托计算和应用。

学情分析

学习者分析	优势	1. 学生通过前期堆码相关知识的讲解，掌握具体的堆码方式。 2. 该部分内容主要是学生计算、动手操作和应用。
	不足	学生对于托盘堆码有些生疏，要多练习。

教学思想

设计思想一	以学生为中心,进行启发式提问,并让学生互动讨论→网上自学→动手操作。
设计思想二	根据现实生活中的实例,举例各种堆码方式,引导学生讨论、讲解。给出托盘和货物的尺寸,让学生自行进行设计组托。

教学模式及手段

教学模式	内容回顾—举例讲解—图示讲解—讨论分析—深度学习—动手操作。
教学手段	1. 引出问题。 2. 图示进行讨论。 3. 讲解问题。 4. 动手操作。

教学过程设计

教学环节	教学步骤及师生活动	教学内容	设计意图
课堂导入	从日常生活中的货架导入堆码	展示各种日常生活中货架堆码和码放的图片,让同学们自己回想看到过的码放形式,说出都有哪些方式,从而引出本节内容。	图片展示:引导学生思考堆码的优缺点 思政教育:一屋不扫,何以扫天下？每个人从自身做起,整齐、美观,做好个人内务。
	工作任务描述	教学内容: 商品的堆码方式: (1)散堆方式。 (2)堆垛方式。 (3)货架方式。 (4)托盘化堆码方式。	阐明主要学习内容、重点、难点,可使学生学习思路清晰。

续表

教学环节	教学步骤及师生活动	教学内容	设计意图
课堂教学环节1：堆码前准备工作	教师提问：堆码前做哪些准备工作	堆码方案准备。 练习： 某仓库进了一批木箱装的罐头食品100箱。每箱毛重 50 kg，箱底面积为 0.25 m²，箱高 0.25 m，箱上标识表示最多允许叠堆 16 层高，地坪承载能力为 5 t/m²，库房可用高度为 5.2 m，求该批商品的可堆高度。 预设：从这个题中，学生学会了什么？提问	通过问题导向，练习。 思政：所有知识的获取，不是要学会做一道题，而是要学会一种思考问题的思维方式。
课堂教学环节2：货物堆码的原则	教师讲解：基本概念引入与讲解师生活动：教师引导学生从概念中提炼重要的关键词	货物堆码的原则。 重点讲解：合理确定"五距"和通道宽度 顶距：50 cm； 灯距：50 cm； 墙距：外墙 50 cm，内墙 30 cm； 柱距：30 cm； 垛距：50～80 cm。 预设：学生根据现实生活中各种距离，说出自己认为间距多少合适。提问、讨论说出来后，再进行合理间距的讲解，并说明间距不合理的危害。	资料查阅与关键词的提炼。 思政：学会距离的原则，网络侵害。针对目前网络中的"约死"事件，教育、引导学生。
课堂教学环节3：货垛设计	教师讲解：货垛设计	垛基、垛型、货垛参数、堆码方式、货垛苫盖、货垛加固等。 纵横交错　　　栽柱式堆 预设：学生查找和讨论仰俯相间式，找出纵横交错式和仰俯相间式的区别，并画出平面图行。	对垛基、垛型、货垛参数、堆码方式、货垛苫盖、货垛加固进行分析。

教学环节	教学步骤及师生活动	教学内容	设计意图
课堂教学环节3：货垛设计	师生活动：教师引导学生通过图片理解和区分	 重叠式堆码　　　　　压缝式 通风式堆码 预设：还有哪些货物堆码的方式，学生自己进行查找，并对这些堆码方式进行区分。 预设：游戏环节：学生分为5组，每组5～7人，用10个纸箱，进行以上堆码方式的操作和应用。看看哪组学生的堆码又快又整齐。	
课堂教学环节4：货物堆码方式	教师讲解：师生活动：提问	货物堆码方式： （1）散堆方式。 （2）堆垛方式。 （3）货架方式。 （4）托盘化堆码方式。 预设提问：煤炭、矿石、黄沙等货物怎么堆码？价值较高并需要经常盘点的货物用什么方式堆码？ 学生回答并进行相关堆码方式的图片展示。 	思政： 每种实物存在着不同形态，每个人要学会包容别人。更要学会团结。 具体的形状用图片展示。

教学环节	教学步骤及师生活动	教学内容	设计意图
	问题思考→学生回答	学生回答、互动。	请学生自己总结,学生讲自己见过的堆码方式。
课堂教学环节5:货物组托操作	具体计算实例教师提问→学生回答	货物组托操作: 预设:托盘组托方式有哪些?学生讨论、查找。 预设:布置任务。 通常有重叠式、纵横交错式、正反交错式和旋转交错式四种常见托盘堆码方式。 预设:学生完成这四种托盘组托方式的展示,然后把图片上传到学习通作业上。	请学生操作。 思政:用最佳的方式才能有更优秀的自己!托盘组托方式好,就能放更多的货物。
课堂实训	讨论题目:(1)托盘货架的层高为1 500 mm(含横梁厚度120 mm和至少100 mm的操作空间)		思政:托盘标准化,国际和中国的比较,培养学生的爱国心学生操作。
	结果→组托展示	某仓库现有A、B、C、D四种货物,各种货物的数量及外包装尺寸如表所示。有标准托盘(1 200 mm*1 000 mm*144 mm)若干(数量够用)。	

教学环节	教学步骤及师生活动	教学内容	设计意图
		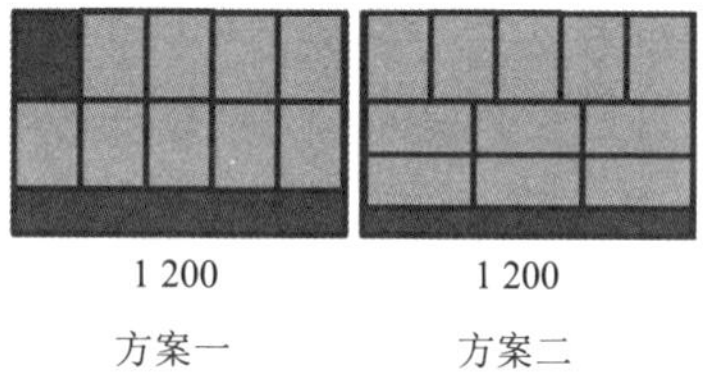 1 200　　　　1 200 方案一　　　方案二 预设：除了上面两种方式,还有其他方式吗？有的话请学生画出来。	
预习任务	堆码	任务点：堆码方式	下节课课前预习
知识总结与深度学习	教师总结＋学生讨论＋深度练习	1. 教师总结。 (1) 堆码原则； (2) 堆码方式。 2. 操作不同的组托。 练习： 1. 货物堆码的原则是什么？（　　　） A. 合理　B. 牢固　C. 定量　D. 整齐 E. 方便　F. 节省 2. 矿石、黄沙适合采用哪种堆码方式？（　　　） A. 散堆法　　　B. 堆垛法 C. 货架存放法　D. 托盘堆码法 3. 长形木材、钢管可以采用以下哪种堆码方式(　　　),并具体描述是哪一种类型？ A. 散堆法　　　B. 堆垛法 C. 货架存放法　D. 托盘堆码法 4. 下图是哪一种托盘化堆码方式？（　　　） A. 重叠式　　　B. 纵横交错式 C. 正反交错式　D. 旋转交错式 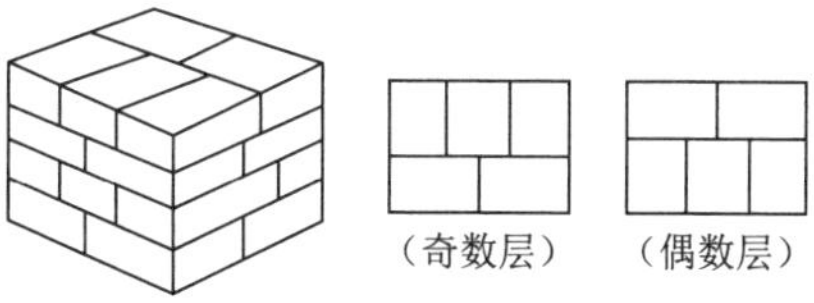 （奇数层）　（偶数层）	教学小结串联知识点,强化记忆,有助于学生对本节主要教学内容和知识结构的梳理和总结。 最后练习完成本节课的学习。

续表

教学环节	教学步骤及师生活动	教学内容	设计意图
		5.（　　）适用于存放不宜堆高,需要特殊保管的小件、高值、包装脆弱或易损的货物。 A. 散堆法　　B. 垛堆法 C. 货架法　　D. 成组堆码法	
课后作业	课后思考	根据本次实训,学生学会了堆码 技能训练:货物组托操作 某仓库现有 A、B、C、D 四种货物,各种货物的数量及外包装尺寸如表所示。有标准托盘(1 200 mm*1 000 mm*144 mm)若干(数量够用)	
		<table><tr><td>货物名称</td><td>数量(件)</td><td>外包装尺寸 (长 * 宽 * 高, mm*mm*mm)</td></tr><tr><td>A 商品</td><td>20</td><td>400*240*200</td></tr><tr><td>B 商品</td><td>35</td><td>600*300*200</td></tr><tr><td>C 商品</td><td>26</td><td>450*300*125</td></tr><tr><td>D 商品</td><td>50</td><td>600*400*220</td></tr></table> 学生训练	课后作业: 学会操作和应用。

教学评价

教学评价	1. 通过对堆码的学习,让学生掌握堆码的方式。 2. 通过操作,让学生学会托盘堆码。 3. 反思在这节教学中出现的问题,通过学生上课状态,作业的完成情况、正确率来判断学生掌握的本节所学知识点情况。 4. 为下次课做好准备。 5. 每个学生课上、课下的表现都作为过程性考核的基础,计入平时成绩。

| 教学设计感悟 |

视说智能仓储是物流管理专业的主干必修课。本课程主要进行实训操作,

解决实际问题,培养学生的角色分配能力、仓储流程的应用能力。在教学内容上重视理论知识与实践的结合,重视教学内容与物流技能大赛的结合,重视知识的实训与实践的结合。教学内容以实践为原则,力求系统、简练、易懂、深入浅出。

课程设计围绕仓储流程的实际需求,以能力培养为重点,以仓储工作实践过程为主线,与行业企业充分合作进行课程设计。课程设计注重与企业合作,按照"流程需求→能力培养→确立教学项目"的项目导向式的运行机制来组织教学。学以致用,以"用"促学,边"用"边学,突出"教、学、做"一体化的教育理念。学生是学习主体,鼓励学生应用能力发展,加强创新能力和意识的培养。在设计中,既要考虑学生应用能力的训练,又要关注学生综合素质的养成,为学生的可持续发展奠定良好的基础。

1. 教师对物流仓储管理工作分析与典型工作任务提炼。

典型工作任务分析是行动导向的教学法的起点。我们对相关企业进行了调研,和企业仓库管理员一起对仓储管理工作任务进行分析,提炼出典型工作任务,然后对仓储管理典型工作任务进行深入分析,包括工作岗位、工作过程、工作任务的对象、工具、方法与工作的组织、对工作和技术的要求。例如在第二知识模块,我们通过对在库操作实务的仓储管理工作分析与典型工作任务进行提炼,得出在库操作实务的典型工作任务:货物堆码苫垫、盘点、拣选、包装、货物养护。

2. 教师设置学习情景,学生明确学习任务。

视说智能仓储学习情景(项目)设计,学习情境是在工作任务及其工作过程的背景下,将学习领域中的能力目标和学习内容进行基于教学论和方法论转换后,在学习领域框架内构成的"小型"的主题学习单元,例如,项目、任务、案例、产品。教师将根据企业仓储管理人员完整思维、职业特征及工作任务,把本课程的全部内容具体化为学习情境。下达任务并帮助学生理解任务要求。对物流仓储管理工作分析与典型工作任务提炼后,设置这样的学习情景:请每个仓储公司(实训小组)为货物进行验收,并填写物资入库初检记录、验收单、货物拒收单、事物保管明细账。

总之,根据工作过程的项目教学设计能让学生置身真实或仿真的工作中,亲自尝试订单处理、搬运、出入库操作、拣货、盘点、配货等不同工作任务，这样可以生动客观有效地激发学生联想，使学生积极地、主动地解决问题，从而培养学生多维度解决问题的能力和心理等各方面的素质，适应行业对于人才的要求。

▶ 教师简介

朱耀勤，青岛黄海学院国际商学院教师。发表论文十多篇，核心多篇；主编教材三本；主持多项课题。荣获"教书育人先进个人"和"优秀教师"等荣誉称号。2022年，"新业态背景下物流管理专业智慧化改造升级的探索与实践"荣获山东省教学成果二等奖。2021年6月，主持基于中医"治未病"思想的智慧医养健康管理及普及应用研究（在研）；2018年，主持山东省教育科学规划办立项的课题"基于民办高职教育教学模式现代化研究（2011GG362）"，已结题。2018年，主持山东省教育厅课题"基于智慧物流的物流的物流管理本科专业课程体系重构"，已结题。2010—2016年参与"物流管理"省级特色专业和"山东省物流管理优势专业"的项目建设，项目都已顺利通过考核。

热点营销海报设计
——新疆棉教学设计

课程信息

授课班级	2020 级电子商务本科班	授课时数	2 课时
授课地点	智慧教室	授课形式	理论＋实践
教材分析	1.《电商视觉营销设计》职业细分化创新型规划教材。孙长清编，人民邮电出版社。 2. 本课程包含一个案例，本课理论选自"网店美工与视觉设计"。		
课程资源	1. 本课程采用线上、线下混合式教学，线上教学资源为教师团队建设的线上课程。 2. 教学资源库中为学生分享专业前沿知识以及德育教育的文章，加强学生德育教育。		

学情分析

优势	1. 电子商务专业大二本科学生。 2. 学生已具备了一定的电子商务专业基础,学生能够熟练操作信息化教学设施。 3. 学生对于电子商务、跨境电子商务有关的创新创业知识及信息化教学具有极高的学习兴趣,是其自主学习和合作探究的动力。 4. 之前学习的教学内容为视觉营销奠定了良好的课程基础。
不足	视觉营销作为技能型课程,学生对于综合运用设计技巧的理解不足,且对于操作软件不够熟悉,应在授课时先传授相关操作技能。

教学目标

知识目标	1. 掌握海报设计的基本原则。 2. 掌握热点营销海报的基本特点，注重品牌意识。 3. 掌握热点营销海报设计的基本技巧及操作技巧。
能力目标	1. 能够针对不同热点事件，分析特点，构思海报框架。 2. 能够根据不同热点事件分类设计海报。
素养目标	培养学生解决问题的能力，树立起民族自信心、良好的国家观。

教学分析

教学内容		1. 海报设计的基本原则。 2. 热点营销海报的基本特点。 3. 热点营销海报设计的基本技巧及操作技巧。
教学重点	重点	设计热点营销海报的基本技巧及操作技巧。
	对策	1. 以热点事件导入，讲解设计热点营销海报的注意事项及制作特点。 2. 排版中突出新疆棉花素材的设计技巧。 3. 做好文字设计排版，注意与素材图片的呼应。
教学难点	难点	1. 热点营销海报的特点。 2. 放射状操作技巧。
	对策	1. 通过讲解热点事件的起因，引导学生辨别热点事件背后的正能量与负能量，依据热点推出有质量的营销信息。 2. 培养学生通过不同事件，养成独立思考、辨别是非的能力。

板书设计

导入：热点事件的简要回顾。
一、线上观看海报的设计特点及设计技巧；
二、热点营销海报的特点：热度分析、时效性、用色、情感色彩的融入。
操作步骤的实施：分步骤进行。
操作重点：背景放射状线条的设计、画笔工具的使用、标准五角星的建立。
课后练习：举一反三，根据提供的素材完成相关设计。
思政元素全覆盖。

教学思想

设计思想一	重点内容重点讲解,把握教学节奏,关注学生课堂表现。合理应用教学方法,如启发提问法、小组讨论法、案例讲解、互动式教学、沉浸式教学,配合团队项目案例或情景设计的头脑风暴进行实践练习,通过教师讲解,配合不断地思考与实践,掌握所学内容。
设计思想二	选择既是热点新闻又贴近生活和专业前沿的案例,配合在线平台信息化手段的使用,融合多种资源,调动学生学习的积极性,让学生看到枯燥学习的另一面,让课堂所讲授的知识"有趣、有用、有态度"。
设计思想三	针对学生海报设计基础知识薄弱的问题,在教学设计和课件制作时,使用PPT图文并茂授课,能够让学生更容易理解课堂知识点,强化学习信心,从而更好地保持学习积极性。

教学模式及手段

教学模式	线上学习—知识点补充—讨论拓展—技能操作—指导答疑—任务布置—课后练习。
教学手段	1. 充分利用兴趣探究法强化学生内化吸收的过程。 2. 利用信息化功能,增添课堂多样性,丰富课堂教学手段。 3. 沉浸式案例,让学生在制作过程中了解负面新闻带给社会的冲击,学生将通过设计技巧,用视觉传达的语言更新认知;通过任务驱动法提升学生自主学习能力,启发引导学生深入地体会所学理论。 4. 案例教学,实践拓展,体现课程的应用性,培养学生思辨能力。

热点营销海报设计制作流程

(课前学习、课堂教学、课后拓展)

环节	教师活动	学生活动	信息化应用	设计意图
课前学习	1. 为学生推送教师团队建设的线上课程中的海报设计内容和预习要求。 2. 发布学习任务:根据热点事件,鼓励大家参与讨论。	1. 登录超星学习通完成在线资源的学习。 2. 学习教师推送的海报设计视频。 3. 对热点事件的过程与影响力展开初步分析。	1. 网络教学平台推送优秀海报设计案例。 2. 学生通过讨论、互动,激发设计兴趣。	学生对所学理论知识和操作技能的巩固和应用。 加深对热点营销海报设计的理解,培养学生综合应用能力。

续表

环节	教师活动	学生活动	信息化应用	设计意图
课堂教学	1. 回顾：海报设计的基本原则、基本方法等。 2. 案例导入：展示目标效果图。 3. 头脑风暴：讲解制作重点，背景旋转放射状效果制作。 4. 追加画笔，并调整笔刷调板。制作五角星，掌握背景填充的排版方法。 5. 发布任务：开始新建文件，填充背景色，开始实施操作步骤。 6. 根据操作步骤制作放射状背景。 7. 讲解注意事项，全程参与答疑解惑，深入分析事件操作技巧。 8. 讲解素材图片对于视觉设计的重要性，使用新疆棉的图片，在排版中起到画龙点睛的作用。 9. 文字设计排版，置入文案"新疆棉花，开在这个春天最美的花"，再次点明设计要点，与素材图片呼应。	1. 回顾自由变换框变形图像的操作技能。 提问学生对设计技巧的掌握。 2. 学生通过对比来了解实事要闻类红色系海报的特点：醒目、警示。 3. 学生思考操作理论与操作技巧的特点如何更有利地运用，记录课堂笔记。 4. 制作标准的五角星，作为海报背景，引入思政元素：国旗上的五角星，才是青年一代最该追的星。 5. 学生登录学生端，打开软件，开始设计步骤。红色背景起到警示、醒目的作用。 6. 学生制作放射状背景有难度，是在上一章节操作技巧的基础上拓展出的能力。 7. 部分学生侧重笔记的梳理，结合上节课基础操作能顺利完成；个别学生需手把手指导。	将提前准备的案例素材发放给学生。 软件操作步骤。 学生参与制作。 指导实践、答疑操作技巧。	检测学生对之前知识的掌握情况。 课程思政：了解新疆棉田真实的现状。 案例深度分析引出重点和难点。 "多思考"可以强化内化过程。 课程思政：标准五角星的制作，为具有家国情怀的设计增添亮点。 知识点的逻辑和连贯，逐层递进。 学生分析讨论，教师解析，加深理解。

环节	教师活动	学生活动	信息化应用	设计意图
		8. 学生将素材图片裁剪，并利用所学技巧进行抠图操作，注重合理的排版技巧。 9. 学生通过对文案的理解，加深对热点事件的认识，并能独立思考，带着热点事件的正面认识完成文案的设计排版。放置品牌店铺二维码及品牌标志。		课程思政： 引导学生正确判断时事要闻，选择正能量的内容，不信谣、不传谣。 案例引起学生共鸣，增强氛围，调动课堂气氛，同时加强学生知识理解。 帮助学生树立民族自信等。
课后拓展提升	布置任务，知识延展： 1. 教学反馈评价。 2. 任务：学生课后通过欣赏不同类型海报设计，举一反三，根据提供的素材完成作业。	1. 学生进行反馈评价。 2. 学生利用软件完成相应操作和练习，根据不同文案及不同风格，完成多样性设计。提升综合能力。	1. 网络平台提交学生作品。 2. 网络平台提交作业。 3. 通过课程学习及实践操作，学生在学习通参与关于热点事件海报的开放性讨论，并产生精华帖。	了解学生需求，促进教学不断改进。 学生能够将理论知识应用于实践中，使知识延展提升。 加强与学生课下的沟通，掌握学生任务完成情况。
教学评价&反思	1. 教学理念。 (1) 线上、线下教学利用学生课余的碎片化时间，缩短教学时长，节省耗材； (2) 教学方式注重信息化，灵活多样，坚持启发式教学。 2. 教学方法。 (1) 教为主导，学为主体，培养学生的学习兴趣，调动学习积极性和主动性； (2) 对学生课前、课后的学习情况和效果进行信息化的准确跟进和反馈，课上与学生加强互动。 3. 教学过程。 (1) 对于重难点使用课堂互动、案例实践、评测总结、课后练习等方式对学生的学习效果进行评价； (2) 加强过程性考核，保证学生在实践中掌握理论及技能。			

续表

环节	教师活动	学生活动	信息化应用	设计意图
	4. 改进措施。 （1）实践课程加强学业、产业、创业的"三业"融合； （2）企业和课堂双课堂教学，教师和企业导师双导师考核； （3）进一步提炼重难点，精简课堂内容，稍微放慢课堂节奏。			

教学设计感悟

在课程教学上，我一直在探索"以学生为中心"的应用型课程的混合式教学，侧重学生能力和素质培养，核心解决学生主动性不够、理论与实践脱节等问题；倡导加强师生互动、生生互动；注重课程实操，以师生同创工作室为实践基地，同时充分融入课程思政元素，着力打造有温度的应用型本科课程。

一、课程思路

优秀的海报对于企业形象及产品宣传十分重要。海报是一种信息传递的艺术，是一种大众化的宣传工具。海报的主要功能就是为企业提供宣传及推广的目的，还能够用一些企业的素材来进行海报的装饰，这样一来就能够吸引更多消费者的注意力。

电影有想要展示的主题，活动有想要展现的主旨，除了信息的传送，每个海报承载着主旨展示的使命，海报设计者需要把主旨巧妙地融合进海报画面之中，并传达给受众。本期课程的热点营销海报，首先是要关注社会热点新闻，在突发的热点事件来临之际，品牌借用热点做自己的营销海报，很容易被受众关注到。

热点采用的是文字形式，在借势的时候就可以用图片、视频、音乐等形式体现。但考虑到即时性，海报是首选的形式。这是因为海报制作起来相对简单，"文案＋图片"的组合，就能图文并茂地传递产品与热点的关系，达到借势热点的效果。

由此，我们这节课安排了新疆棉的热点营销海报设计。

先来带领学生回顾本次热点新闻，从中得到相关信息，再带领学生学习海报设计的原理及热点营销海报应注意的版式及用色。

根据实操案例的推进,重点讲解技巧的运用,通过本课程的学习既关注了新闻事件,又学习了海报设计的理论基础,同时重点掌握了软件操作技巧。

二、特色及亮点

1. 开放式课堂。

教师不再仅仅是知识的传播者,学生也不再只是单纯消化理解教师讲授的内容。课堂上学生可以提出疑惑,表达不同见解,教师会根据学生的思路讲授相关内容或是将课堂的主动权交给学生。如此一来,学生便学到了自己最感兴趣的知识点。这时候教师已经由课堂的引领者转变成启发者,调动了学生的主动性,让学生学会自己发现问题。

2. 思政元素全覆盖。

在课程设计过程中,思政元素的全覆盖是本节课的特色与亮点。在课程思政大的教育背景下,精选课堂案例一直是我这几年教学工作的重中之重。关注学生的学习能力及思想品德的提升,着力挖掘既能让学生感兴趣,又能充分掌握知识与技能的教学内容。课程思政不是要改变专业课程的本来属性,而是要充分发挥课程的德育功能,运用德育的学科思维,提炼专业课程中蕴含的文化基因和价值范式,将其转化为社会主义核心价值观具体化、生动化的有效教学载体。在"润物细无声"的学习中融入理想信念层面的精神指引。

三、心得体会

课堂是由师生的教与学所构成的场所,师生教学活动、教学环境、教学条件都是课堂不可缺少的。传统的课堂因为追求的目标过低,这些要素的作用没有得到充分的发挥。尤其是师生的主体作用,没有很好地发挥。课堂成了比较单纯的基本知识的传授之所,学生的能力发展和素质养成被局限于较低层次。课堂的设计就是要充分发挥师生的主体性和能动性,使课堂焕发出生命力。在知识与技能传授的过程中激发出智慧、情感和信念,从而打造更有深度、更有质量的课堂。

在设计海报的时候一定要有适量的情感加入,这样一来才能够打动人心,但是由于情感是一个比较特别的东西,如果说不能够把握尺度的话,就会使海报的内容看起来非常空旷,使海报的中心内容偏离想要达到的目标。还需要注意的是要借势热点营销，很多时候还需要注意是否跟自己的品牌印象符合，不可一味地借用。另外，不可使用负面新闻之类的，要注意自身的品牌形象。

本课程思政元素的核心价值观，突出了中国青年之责任与担当，要不断增强民族自信心，于无声中见繁华，这祖国的山河有我中国青年守护。

▶ 教师简介

张童，青岛黄海学院国际商学院数字商务系教师，参与专业建设、学科建设与教改工作。讲授 Photoshop 实战案例、视觉营销设计、跨境电商实务、网店美工与装修等课程。发表学术论文 30 余篇，其中北大核心期刊 2 篇，SSCI 1 篇。

负责视觉营销设计线上、线下混合式教学，于 2020 年被评为校级一流课程，2021 年入选教育部高等学校电子商务类专业教学指导委员会第三批在线教学资源推荐名单；2021 年入选校级课程思政培育项目。参与讲授的"跨境电商实务"，于 2019 年被评为山东省一流本科课程；获得省级教学比赛二等奖 1 项。

在课程教学的基础上，于 2016 年成立了师生同创工作室。带领学生进行一系列基于提高专业素养的指导与实践。围绕课程建设的项目体验式实训，让学生提前适应就业岗位工作流程。指导学生参与教育部认可的学科竞赛，获得如下成绩：国家级一等奖 2 项，二等奖 5 项，三等奖 3 项；省级一等奖 11 项，二等奖 8 项，三等奖 8 项。

短期成本函数教学设计

教学目标

知识目标	1. 理解会计成本和经济成本的区别与联系。 2. 掌握机会成本、沉没成本、边际成本等几个成本的概念；掌握短期成本的分类、曲线的形状和它们之间的关系。 3. 了解边际报酬递减规律与短期成本变动的关系。
能力目标	1. 能够运用机会成本理论分析企业的经营决策。 2. 能够分析企业的短期成本。
情感目标	培养学生正确的成本观以及积极向上的人生态度。

教学目标

教学内容	1. 经济成本和会计成本。 2. 机会成本、沉没成本、边际成本的含义和运用。 3. 短期成本曲线。

板书设计	短期成本
	1. 成本的概念 → 2. 成本的分类 → 3. 短期成本
	    { 机会成本 { 短期成本
	      沉没成本
	      边际成本 长期成本

课程资源

课程资源	1.《经济学》线上教学资源为经济学课程组建设的线上课程。 2. 网络资源。https://www.icourse163.org/course/UIBE-1002608020?from=searchPage&outVendor=zw_mooc_pcssjg 3. 高鸿业《西方经济学（微观部分 + 宏观部分）》第八版。

教学分析

教学重点	重点	1. 机会成本、边际成本等相关概念的理解。 2. 不同短期成本曲线之间的关系。
	对策	结合身边的现象"星巴克不同杯型定价差异"导入课程，激发学生兴趣，再结合模型理论进行分析。 使用不同的现实案例分析不同的概念，帮助学生结合实际更好地理解。 3. 通过 PBL 分组任务，让学生自主学习，再进行讲解，可以帮助学生更好地进行理解和梳理。
教学难点	难点	1. 机会成本、边际成本的概念。 2. 短期成本的类型及曲线之间的关系。
	对策	1. 运用案例法具体分析，将抽象问题具象化。 2. 通过课后作业加强练习。 3. 让学生参与课堂。

学情分析

学习者分析	优势	经过前面三章节的学习，学生对经济学中的微观经济主体行为有了一定的了解和基础，在本课程的教学过程中，可以加大探究性学习的力度，更加注重能力目标和情感目标的培养。
	不足	成本曲线推导过程需要进行数学推导，学生的数学基础不牢固，导致对该课程的理解能力不够。此外，学生对企业和社会了解比较少，对现实生活中的经济现象缺乏感性认识，对国家的经济方针、政策了解不多，因此经济学素养不足，对很多知识点理解得不够透彻。

教学思想

设计思想	课前线上视频预习—课上运用案例法讲解—PBL分组学习—知识总结,启发学生思考,激发学生学习兴趣和学习潜力。
思政设计	在机会成本的讲授中,可以让学生核算上大学的成本、每一节课的成本,引导学生认识到时间是宝贵的稀缺资源,充分考虑时间的机会成本,科学合理地利用时间资源,珍惜上学的机会。进一步分析,告诫学生做任何事情都要承担成本,机会成本虽然并不一定构成实际支付,但它时刻提醒我们一种资源有多种用途,做任何重要决定要慎重考虑。但是,并不是所有的事情我们都只衡量得失,要做到国家利益大于一切。

教学模式及手段

教学模式	采用BOPPPS教学模式,包括六个教学环节:课程导入—学习目标—预评估—参与式学习—后评估—总结。
教学手段	1. 讲授法:对成本的基本概念和分类等运用讲授法,让学生打好理论基础。 2. 案例教学法:运用身边的现象和生活中的案例帮助学生运用所学理论解决实际问题。 3. 项目式教学:让学生将PBL分组任务在课堂中进行讨论,培养学生的合作、表达和沟通等能力,提高学生课堂参与度。

教学过程设计

教学环节	教学步骤及师生活动	教学内容	设计意图
课堂导入	提出问题	以星巴克咖啡中杯、大杯、超大杯的定价这一现实现象吸引学生的注意力,引出这节课的内容——成本,同时提出问题:你平时喝的奶茶品牌是不是也如此定价?引起学生的好奇心和兴趣。	引导学生多关注身边的经济现象,同时多关注社会热点。
课堂教学环节1:经济成本和会计成本	教师提出问题,学生回答,教师补充新内容	1. 会计成本如何计算? 2. 经济成本和会计成本一样吗? 3. 经济成本 = 会计成本 + 隐成本。	提高学生自己分析问题、解决问题的能力。

教学环节	教学步骤及师生活动	教学内容	设计意图
课堂教学环节2：机会成本	教师讲解	1. 含义：生产者所放弃的使用相同生产要素在其他用途中所能得到的最高收入。 2. 举例说明。 以农场可以选择养猪、养牛和养鸡为例，养牛的收益是10万元，养猪的收益是5万元，养鸡的收益是3万元，选择养牛的机会成本是多少？ 3. 随堂练习。	思政点：核算上大学的成本、每一节课的成本，引导学生认识到时间是宝贵的稀缺资源；帮助学生树立正确的成本思维。
课堂教学环节3：沉没成本	教师讲解	1. 含义：已经发生、不可以收回的支出。 2. 举例并让学生自己举例子：采用鳄鱼效应让学生理解对于沉没成本，要采取"当断则断，及时止损"。	运用案例帮助学生理解并补充"鳄鱼效应"。
	教师提问	沉没成本是成本吗？	
课堂教学环节4：边际成本	教师讲解	1. 含义：额外多生产一单位产品需要付出的成本。 2. 公式。 3. 举例应用：奶茶"第二杯半价"。	运用案例加深学生理解，为后面学习短期成本和长期成本打下基础。
课堂讨论	教师提问	机会成本的应用：大学应该谈恋爱吗？该怎样谈恋爱呢？"在学习时恋爱"和"恋爱时学习"会有怎样不同的结果？	思政点：引导学生树立正确的恋爱观并做好大学生涯规划。
课堂教学环节5：短期成本	案例讨论：蛋糕的成本构成？引出成本的分类，帮助学生理解不变成本与可变成本	1. 短期成本。 2. 短期成本的构成。 总成本TC、不变成本FC、可变成本VC、平均成本AC、平均不变成本AFC、平均可变成本AVC、边际成本MC 3. 随堂练习。	帮助学生建立与相似概念比较学习的能力。

续表

教学环节	教学步骤及师生活动	教学内容	设计意图
	教师讲解：短期成本的分类 课堂练习：巩固七个函数之间的关系	4. 短期成本的图形。 	
知识总结与深度学习	教师总结	1. 经济成本和会计成本。 2. 机会成本、沉没成本、边际成本的概念。 3. 短期成本及其分类。	串联知识点，强化记忆，有助于学生对重点、难点的梳理和总结。
课后作业	学习通	课后讨论，单元测验。	

教学评价

教学评价	1. 评价学生。 （1）课上反馈。主要通过观察、提问、测验，获取信息后第一时间给予学生评价，有利于激励学生参与课堂； （2）课后评价。通过学习通中的作业、讨论等方式检验学生的掌握情况。 2. 教学反思。 （1）在上课前安排分组任务，让学生自学并讨论短期成本的分类，这种PBL＋任务驱动式的教学方法，使得学生明确了本次课的重点，激发了学生的兴趣并提高了学生的课堂参与度，有利于知识目标和能力目标的完成； （2）将经济成本中的几个重要概念与每个人的现实生活相结合，帮助学生树立正确的成本思维，使得本次课程的素质目标很好地实现。

教学设计感悟

教学设计的过程实际上是对一次教学活动制作蓝图的过程，通过教学设计，可以对一节课的教学活动的基本过程有整体的把握，可以根据本次课的内容和教学对象的特点确定合理的教学目标,选择适当的教学方法,采用有效的教学手段,安排每个时点的教学内容,实施可行的评价方案。因此,教学设计是教学活动得以顺利进行的基本保证。

本次课程的设计从课前部分、课堂部分和课后部分进行。首先是课前部分,在授课前要以教学大纲为依据,明确本门课程的基本情况:如课时、授课对象、先修课程、教材的选用,重点通过学情的分析了解授课对象及其认知基础,清楚本课时在整个教材中的位置和重要性,把握本次课的教学目标,找出本课时的重点和难点。其次是课堂部分,结合前面的分析,采用 BOPPPS 教学模式,教学环节设计包含课程导入、学习目标、预评估、参与式学习、后评估和总结。这种教学模式可以很好地激发学生的学习兴趣,提高学生的课堂参与度。在授课过程中要重视思政元素的挖掘与融合,从概念中挖掘思政元素,融入学生的生活和学习中,如机会成本与课堂成本的结合。最后是课后部分,对教学的效果进行全面的评价,根据评价的结果对以上各环节进行修改,以确保促进学生的学习,获得成功的教学。既要评价学生,也要评价自己,达到以学促教的目的。

特色与亮点:① 采用 BOPPPS 教学模式,包括六个教学环节,即课程导入、学习目标、预评估、参与式学习、后评估和总结。教学环节完整,构建了以学生为主体、教师为主导,以现实经济生活为主体的教学模式。② 灵活使用多种教学方法,采用了任务驱动式、PBL 项目式、案例式等教学法,有利于知识目标、能力目标、育人目标的完成。

一次好的课程设计需要不断地完善和修改,是需要经过实践不断检验的。我认为,课程设计必须以教学大纲和学情分析为基础,明确本次课要完成的知识目标、能力目标和情感目标,这样才能安排好课程内容,找对教学方法。而好的课堂应该以学生为中心,让学生对课程内容有共鸣,这就要求教师在备课时跳出课本,结合生活案例和新闻热点,让学生能够将所学运用到现实中,激发学生的学习兴趣。在课程思政的设计环节,提炼经济学原理通识课程中蕴含的文化基因和价值范式,在润物细无声的知识学习中融入理想信念层面的精神指引。最后,要对教学的效果进行全面的评价,根据评价的结果对以上各环节进行修改,以确保促进学生的学习,获得成功的教学。

▶ 教师简介

陈丽宇，青岛黄海学院国际商学院教师，副教授。主要承担经济学、微观经济学、财政学等课程教学工作。出版专著 1 部，发表论文 6 篇，主持市级课题 1 项、校级课题 3 项，参与省市级课题 4 项。将"经济学校级共建共享"课题、"校级一流课程建设——微观经济学"等相关成果融入经济学、微观经济学等课程的教学中，积极探索新的教学方法和教学模式，取得良好的教学效果，多次获得教学比赛二等奖、三等奖和"教学标兵"称号。

复杂轮系受力分析教学设计

课程概况

课程名称	机械设计	授课学时	48
课程类型	专业主干必修课	授课对象	机械类本科专业三年级学生
授课内容	复杂轮系受力分析	授课学期	5
教材	《机械设计》第 10 版,濮良贵等主编,高等教育出版社		

教学背景

教学背景	齿轮传动是利用齿轮副来传递运动和力的一种机械传动,是现代机械中应用最为广泛的一种机械传动形式,齿轮传动除传递回转运动外,也可以用来把回转转变为直线往复运动。正确判断齿轮旋转方向,利于协调输入、输出转向关系,正确分析齿轮传动受力方向以进行轴、轴承的载荷分析。此外,齿轮系的受力分析是机械设计类考研必考题之一,学生在完成大创项目、科技创新活动中,该部分内容也是重点,因此,正确判断齿轮传动受力方向、齿轮旋转方向十分重要。

教学理念

教学理念	本着"学生中心，思政引领，能力为重，创新发展"的教育理念，以复杂综合的工程应用问题作为教学任务，贯穿于整个教学过程中，遵循学生的认知规律，由简到复杂，由单一分析到综合分析，通过基于问题导向的互动式、启发式与合作探究式教学，不断激发学生的学习兴趣与潜能，提高课堂参与度；通过巧妙设计思政点并适时融入教学活动中，实现知识、能力与素质协同培养。

教学目标

知识目标	1. 掌握直、斜齿轮受力分析的方法。 2. 掌握斜—斜齿轮系受力分析的方法。
能力目标	能正确判断直、斜齿轮的受力方向，具备分析齿轮系综合受力情况的能力。
素养目标	1. 增加民族自豪感，激发创新意识和爱国情怀。 2. 树立安全意识，培养科学严谨、精益求精的工匠精神。

学情分析

学情分析	学生在前期的机械原理课程中已系统学习了齿轮机构与轮系的相关知识，对齿轮的转向关系、斜齿轮旋向特点比较清楚。此外，在创新创业项目研究及创新产品设计中用到齿轮传动的场合较多，部分学生已具备齿轮传动应用的实践经验，为理解本次课程内容打下了良好的基础。学生自学能力较强，善于思考钻研，但自控力有所欠缺，需在教学中以学生为中心，积极引导、高效互动，发挥学生的主观能动性，通过课前预习及课后巩固提升，提高学习效果。

教学内容分析

教学内容分析	齿轮的受力分析是设计齿轮的基础，同时，也为设计轴及轴承提供初始条件。典型齿轮传动包括直齿轮、斜齿轮和锥齿轮，蜗杆传动的应用也较为广泛，工程应用中常以多对齿轮组合为主，以满足提高传动比、换向等需要。在教学内容设计上以复杂综合轮系受力分析为任务，涵盖了常用的齿轮传动，设计了1项总任务和6项子任务，层层深入，由简入难，逐渐完成复杂轮系的受力分析。本次教学内容是研究直、

续表

	斜齿轮传动的受力分析问题,是 6 项子任务的前 3 项,教学中引导学生先学习直齿轮的受力分析,它是其他齿轮受力分析的基础,在直齿轮的基础上增加了轴向力,轴向力的分析是重点也是难点。(在一对斜齿轮受力分析的基础上,引导学生完成斜齿轮系的综合受力分析题,以适应工程设计实际需要,提升学生的综合分析能力。)

课程思政

课前	通过发布主题讨论,让学生了解我国自主研发的黄河 X7 雪蜡车中轮系相关的知识,学习大国重器的诞生历程,增加民族自豪感,具备使命感、责任感,厚植爱国主义情怀。
课中	(1)通过播放我校优秀学生创意作品视频和获奖成果,鼓励学生向身边榜样学习,树立创新意识,激发创新思维。(2)通过引入齿轮设计失误引发的安全事故案例,使学生牢固树立安全意识,塑造求真务实、踏实严谨的品质。(3)教育学生运用唯物辩证法的联系观解决复杂受力问题,培养学生树立辩证唯物主义的思想观。(4)通过基于关键问题开展分析研究,每一个环节的成败都决定着最终结果的成败,教育学生细节决定成败,培养学生认真严谨、精益求精的学习工作作风。
课后	通过发布主题讨论"绿色能源助力碳达峰碳中和,请结合本节课内容,探讨风力发电机中齿轮箱中轮系的特点与作用",拓宽学生视野,提升工程素养,树立保护自然、低碳环保的生态文明理念。

教学分析

教学重点	1. 直齿轮受力分析。 2. 斜齿轮受力分析。
教学难点	1. 斜齿轮轴向力的判断。 2. 轮系综合受力分析。
教学难点分析及对策	难点一:轴向力的判断。 教学对策:采用案例式、问题导向式教学,通过回顾物理学中的右手螺旋定则,为轴向力方向的判断打好基础,引入典型的斜齿轮受力分析案例,通过形象的图片展示及严谨、细致的推导,结合启发式、互动式讲解,逐渐完成轴向力的分析,通过小组任务,由学生自主完成斜齿轮轴向力的判断,课堂中充分发挥学生的主动性,提升分析问题、解决问题的能力。

		难点二：轮系综合受力分析。 教学对策：轮系的受力比较复杂，掌握了一对齿轮的受力分析，可为轮系的受力分析打下坚实的基础。教学中采用案例式教学，以斜—斜齿轮为例，教师讲解做题的关键点，学生小组合作完成受力分析，教师随机选取学生代表讲解做题方法，教师点评总结，使学生进一步理解轮系综合受力分析的方法。

教学方法与环境资源

教学方法	学法	1. 自主式学习法：学生课前通研自主学习任务单，准备资料自主学习。 2. 探究式学习法：课中设计主题讨论，设置探究环节，使感性认识升华为理论知识。 3. 合作式学习法：课前、课中小组合作，提高学生的团队协作能力，课后学科热点讨论，使学生关注时事新闻，拓宽视野，增长知识。
	教法	1. 任务驱动式教学：结合工程中常用的减速器中齿轮传动装置的设计实例给出学习任务，引出本次课的教学内容。 2. 启发式教学：采用"提出问题—分析问题—解决问题"的方式，引导学生层层挖掘相关知识点，通过学习通随机选人及现场主题讨论等方式加强师生互动，在解答问题的过程中发挥学生的主观能动性，培养科学的思维方法。 3. 探究式教学：通过小组合作，探究斜齿轮啮合时各受力方向的判断方法，培养学生团队合作意识及分析解决问题的能力。
教学资源准备		1. 课前教师根据教学内容，结合学情，搜集相关教学资源，制作并发布自主学习任务单至学习通、QQ 群。 2. 推送大国重器——黄河 X7 雪蜡车相关资料。 3. 学习通发布主题讨论。 4. 其他资源还包括多媒体课件、图片，视频、课后测试题等。
信息化手段		1. 视频与图片。 发动机齿轮传动视频、雪蜡车图片、学生原创设计作品视频； 仿生机械——机械蜂鸟视频。 2. 超星网络教学平台。 学习通网址：https://www.xueyinonline.com/detail/227618238 3. 线上学习交流平台：超星学习通、QQ 群。

教学流程

教学流程简略图			
	前测反馈 ⇩ 任务导入	从三个层面进行课程重要性解析，播放学生创意作品视频和机械蜂鸟视频	引起重视、激发学习创新热情
	课前任务检验总结	课前主题讨论结果反馈，探讨大国重器冬奥会雪蜡车	与课程内容相联系，学习大国重器的诞生历程，增强民族自豪感和爱国情怀
		播放变速箱传动视频，了解轮系工作过程	
		展示学习目标（知识、能力、素质）明确重点、难点	启发式、任务驱动式
		结合复杂工程设计案例引出本次课的内容	
探索新知	**直齿轮传动受力分析**	分析，启发、引导学生结合力学所学知识进行力的分析	启发式教学 小组讨论，激发学生深入思考，培养其分析解决问题的能力
		发布主题讨论，让学生分组讨论直齿轮传动所受各力的方向	
	斜齿轮传动受力分析	总结受力形式和判断方法，启发、引导学生理论联系实际，解决问题，进行安全教育	小组任务、随机选人 牢固树立安全意识，塑造求真务实、团结协作、踏实严谨的品质
		发布小组任务：判断各轮圆周力、轴向力的方向，学生讲解，教师总结	
	斜齿轮系综合受力分析	引入典型案例，引导学生找出解题关键	案例式、启发式 运用唯物辩证论原理解决复杂问题，培养科学严谨、精益求精的工匠精神
		小组合作，认真严谨，科学分析，学生讲解，教师点评总结	
	巩固练习→检测评价	主题讨论：二级斜齿圆柱齿轮减速器受力分析，学生合作探究与讲解，教师检测评价	培养理论联系实际的工作作风，提高分析解决及语言表达能力。
	拓展迁移	提升难度，完成二级斜齿圆柱齿轮减速器和开式直齿锥齿轮所组成的传动系统受力分析	主动学习的品格和不畏艰难，勇于探索的精神，提高自学能力
	课堂小结	总结重点难点，布置作业	总结、归纳，提出下次课学习任务
	课后提升	发布学科热点追踪：绿色能源助力碳达峰碳中和	拓宽视野，提升工程素养，关注社会问题，树立生态文明理念

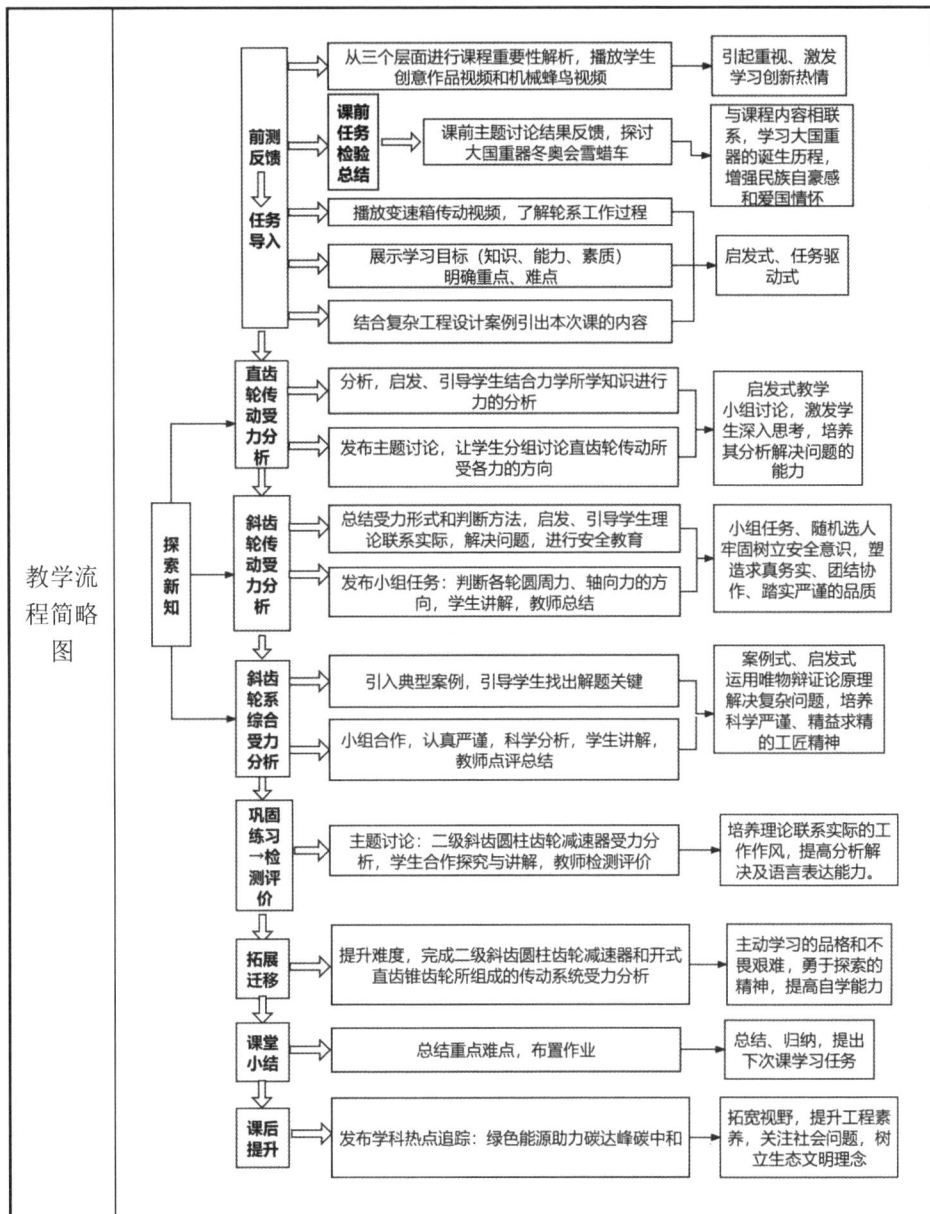

教学实施过程

课前准备				
教学环节	教学内容	师生活动		设计意图
		教师	学生	
课前	1. 教师制作自主学习任务单并发布在超星学习通教学平台，督促学生观看视频进行课前学习。2. 课前推送大国重器相关资料供学生观看学习，学习通发布主题讨论。	1. 制作自主学习任务单并上传至学习通。2. 搜集大国重器相关材料并推送到QQ群。3. 设计主题讨论题并发布至学习通。	1. 登录平台查看任务清单，观看学习通视频，完成预习总结。2. 学习大国重器相关资料，了解其诞生历程、在奥运会中发挥的作用及与课程相关联的内容，参与主题讨论。	1. 自主学习任务单为学生学习提供指导。2. 通过主题讨论，学习大国重器相关资料，增强学生的民族自豪感和爱国情怀。
课堂实施				
教学环节	教学内容	师生活动		设计意图
		教师	学生	
新课导入	1. 介绍课程内容的重要性。2. 课前主题讨论结果分析。了解大国重器→黄河X7雪蜡车。3. 任务导入→激发动机。	1. 介绍课程内容的重要性，播放学生创新作品与运用齿轮传动设计的机械蜂鸟视频，引出本节课的教学内容。2. 反馈课前讨论结果，谈大国重器与机械设计学科的关系。3. 播放变速箱运行视频。4. 介绍复杂轮系受力分析案例，导入课程内容。5. 进行任务分析，学习通随机选人回顾所学知识。	1. 学习大国重器资料，参与互动。2. 观看视频，了解变速箱中轮系的工作过程。3. 参与课堂互动，回顾旧知识，明确学习任务。	1. 雪蜡车充分体现了中国实力和中国自信，可以增强学生的民族自豪感和爱国情怀。2. 通过展示变速箱齿轮传动工作过程视频，赏析学生作品，使学生对轮系有感性的认识，激发其创新意识。3. 通过任务驱动式教学，使学生学习有目的性、针对性，培养学生在知识探索中发现问题并解决问题的能力。

续表

教学环节	教学内容	师生活动		设计意图
		教师	学生	
		课堂实施		
探索新知	1. 直齿轮传动受力分析（重点）。	1. 深入分析直齿轮的受力形式，引导学生掌握其受力分析的方法。 2. 概括总结圆周力和径向力方向的判断方法。 3. 发布主题讨论，让学生分组探究直齿轮传动所受各力的方向。	1. 跟随教师的讲解与总结，明确径向力和圆周力方向的判断方法。 2. 小组研讨，完成直齿轮的受力分析并参与互动。	1. 通过启发式教学，引导学生主动思考与学习。 2. 通过主题讨论，培养学生独立思辨、分析解决的能力。
	2. 斜齿轮传动受力分析（重点、难点）。	1. 借助图片介绍斜齿轮与直齿轮受力形式的不同。 2. 引导学生回顾物理学当中的右手螺旋定则，以解决轴向力的判断。 3. 针对主动轮左右手定则，给出错误的判断方法，引导学生思考后果。 4. 引出案例，布置小组任务。	1. 回顾右手螺旋定则，掌握主动轮左右手定则。 2. 思考错误的设计引发的安全事故。 3. 参与小组任务，合作探究完成斜齿轮的受力分析。	1. 通过回顾右手螺旋定则，为齿轮受力分析打下基础。 2. 通过分析齿轮设计失误引发的安全事故，使学生牢固树立安全意识，塑造求真务实、踏实严谨的品质。 3. 通过小组任务，发挥学生的主动性，提升学生团队合作与分析解决问题的能力。
	3. 斜齿轮系综合受力分析（难点）。	1. 给出斜—斜齿轮传动的受力案例，分析各轮间的相互影响关系，讲清解题关键点，引导学生思考轮系中各轮受力方向。	1. 结合教师要求，合作探索轮系中所有齿轮的受力情况。	1. 学生分组完成受力分析，培养其科学分析、团结协作的精神。 2. 上台讲解，锻炼分析解决及语言表达能力。

续表

		\多列{2}{师生活动}		
教学环节	教学内容	教师	学生	设计意图

教学环节	教学内容	教师	学生	设计意图
		2. 发布小组任务，由学生合作完成轮系中各力的受力方向。3. 总结此类题目做题方法。	2. 找出问题解决的关键点，参与案例分析。3. 积极参与互动，走上讲台完成斜齿轮的受力分析。	3. 教育学生运用唯物辩证论中事物间存在相互联系这一原则解决复杂问题，细节决定成败，树立认真严谨、精益求精的学习工作作风。
巩固练习↓检测评价	小组研讨：圆柱斜齿轮减速器中轮系的受力。	讲清与前面所练题目的区别，引导学生思考。	积极思考，理论联系实际，及时参与课堂互动。	1. 进一步巩固对较复杂轮系受力情况进行分析的方法。2. 培养学生理论联系实际的工作作风，提高学生分析、解决问题的能力以及语言表达能力。
拓展迁移	课后讨论：多级齿轮传动受力分析。	发布讨论内容，要求课下自主学习锥齿轮的受力分析。	课下自学锥齿轮受力分析，完成拓展迁移题目。	1. 设计更深层次题目，引出下次课内容，进行知识点拓展迁移。2. 培养学生主动学习品格和不畏艰难，勇于探索的精神，提高自学能力。
课堂小结	1. 直、斜齿轮受力分析的方法。2. 斜齿轮系受力分析的方法。	总结课程内容。	重点内容在教材中加以标识。	回顾总结课程内容，加深对重难点的把握。

续表

		课后提升		
教学环节	课后任务	师生活动		设计意图
		教师	学生	
课后提升	1. 制作课程内容笔记。	提出具体要求,学习通发布作业。	完成课程内容笔记,提交作业。	让学生进一步了解所学内容,形成完整的知识体系。
	2. 完成学习通作业。	发布作业题目、批改作业。	完成作业并提交。	进一步巩固重点内容的学习。
	3. 学科热点追踪:绿色能源助力碳达峰碳中和,请结合本节课内容,探讨风力发电机中齿轮箱中轮系的特点与作用。	发布科技热点。	搜集资料,小组探究。	让学生拓宽视野,提升工程素养,树立保护自然、低碳环保的生态文明理念。

教学设计感悟

1. 教学总结。

本次课采用"双主三段六步"的思路进行总体教学设计,即教师为主导与学生为主体,针对课前、课中和课后三个阶段分别设计思政元素并有机融入,实施"前测反馈→任务导入→探索新知→检测评价→巩固练习→拓展迁移"六步法教学,依托学习通平台,合理运用信息技术手段,提升学生学习兴趣,提高课堂参与度。

课前为学生制作自主学习任务单,设计主题讨论并发布至学习通,指导学生提前观看视频学习,参与讨论让学生提前梳理问题,提高课堂学习的针对性,信息化手段的运用使学生可以更便捷地获取信息、共享资源,促使学生自主学习、协作探究,突破了以往课堂教学的空间限制和互动手段限制。通过观看大国重器视频,增强学生的民族自豪感和爱国情怀,实施素质教育,通过观看身边学生的创新设计视频,激发其创新意识。

课堂实施过程中采用任务驱动式教学，设计了一个总任务和六个子任务，遵循学生的认知规律，在讲述的过程中注重学科之间的联系，启发式教学，通过案例式教学，在课件中加入丰富的视频、图片，使学生的认知从"抽象到具体""从感性到理性"，通过课堂高效互动，提高学生探究能力，进而实现知识、能力层面的提升，课堂中及时穿插思政教育，使学生牢固树立安全意识，培养其严谨、认真的态度，唤起学生的责任意识，使其树立正确的设计思想。通过本节课的学习，学生小组合作完成了三个子任务，为下一次课的学习任务埋下伏笔。

课后设计了作业、课程笔记整理、主题讨论及热点追踪，在进一步巩固所学知识的同时，拓宽学生视野，提升学生的学习探究能力。

2. 特色、亮点。

（1）构建"三段联动全链条"思政育人体系。

课前、课中及课后三个阶段分别设计不同的思政元素与实施方案，联合实施思政教育，课前观看大国重器视频，开展关于冬奥会雪蜡车的主题讨论，增强学生的民族自豪感和家国情怀。课中通过赏析机械之美、学生创意作品导入，激发学生创新热情；通过分析齿轮设计失误引发的安全事故，使学生牢固树立安全意识，塑造求真务实、踏实严谨的品质。课后开展小组任务、学科前沿追踪，使学生拓宽视野，提升工程素养，树立保护自然、低碳环保的生态文明理念。

（2）创新"双主三段六步"教学法。

以教师为主导，学生为主体，针对课前、课中和课后三个阶段进行教学设计，采用"前测反馈→任务导入→探索新知→检测评价→巩固练习→拓展迁移"六步式教学法，构建和谐高效课堂，助推教学目标达成。

3. 心得体会。

在教学中形成"学生中心，思政引领，能力为重，创新发展"的教育理念，充分体现学生的主体地位，落实立德树人根本任务，课堂采用任务驱动式教学，设计总任务和子任务，使学生明确教学目标和课堂任务，使教学具有针对性，并且可充分发挥学生学习主动性，所设计的子任务难度逐渐提升，知识点层层递进，引导学生由简到难、由浅入深，逐渐解决复杂工程问题。课堂环节采用"双主三段六步"混合式教学，以教师为主导、以学生为主体，针对课前、课中和课后分别设计相应的教学环节,按照"六步"法实施教学,完成知识点的学习、检测评价及迁移运用。利用信息技术实施高效互动,通过翻转课堂、随堂测验、抢答选人等提升学生课堂参与度。立足课程目标与特点,通过有机融入思政元素,实现价值塑造与素养提升,培养学生的科学精神、创新思维及工匠精神。

▶ 教师简介

周淑芳,硕士,教授,青岛黄海学院智能制造学院院长助理。主持山东省一流本科课程、山东省课程思政示范课程、山东省高等学校在线开放课程机械设计。主持山东省本科教改课题 1 项、市厅级教科研项目 3 项,参与市厅级及以上教科研项目 12 项。先后获山东省教学成果二等奖 2 项、山东省普通高等学校教师教学创新大赛三等奖 2 项、山东省民办高校第三届青年教师教学大赛一等奖 1 项、山东省在线教学优秀案例三等奖 2 项,获青岛市"教学名师"、黄海学院"教学名师""优秀教师""教学标兵""先进个人"等荣誉称号。主编、参编教材 3 部,授权软著 1 项、实用新型专利 4 项,发表论文 30 余篇,其中中文核心 7 篇、EI 期刊 3 篇、SCI 收录 1 篇。

三相异步电动机正反转
控制电路的设计教学设计

📑 教学目标

知识目标	掌握三相异步电动机正反转控制电路的设计思路,理解其工作原理。
能力目标	1. 掌握设计电路的基本方法。 2. 能够根据生产机械的工艺要求,设计主电路和控制电路。
素养目标	1. 培养学生自主学习能力。 2. 培养学生爱岗敬业、细心踏实、勇于创新、团结协作的职业精神。
教学内容	三相异步电动机正反转控制电路的设计。

📑 板书设计

三相异步电动机正反转控制电路的设计步骤:

电动机正转电路 → 电动机正反转电路 → 带电气互锁正反转电路 → 带双重互锁正反转电路

📚 教学分析

教学重点	重点	三相异步电动机正反转控制电路的设计步骤与工作原理。
	对策	1. 通过创设问题情境,调动学生的学习积极性。 2. 给定任务,引导、启发学生循序渐进分步完成,培养学生自主学习和思维创新能力。 3. 开展课程小组任务活动,通过合作探究解决设计过程中的具体问题,加深对正反转控制电路设计的理解。
教学难点	难点	如何改变三相电源相序? 如何实现双重互锁?
	对策	1. 利用课件的动态效果,使其趣味化,形象直观地帮助学生更好地理解知识。 2. 在教学过程中进行启发性讲授,引导学生进行探究性的学习。 3. 通过激发学生旧知、发散思维、举一反三等方式,让学生能够将方法正确应用到解决实际问题中去。

📚 学情分析

优势	1. 已经学过继电器、接触器、熔断器、热继电器、按钮等设计电路必需的自动控制电器。 2. 学生团队凝聚力较强,易于开展小组活动;思维活跃,善于运用网络进行学习。
不足	1. 目标不明确,学法不科学,自控能力较差。 2. 无法将已学知识正确应用到解决实际问题中去。

📚 教学思想

设计思想一	选择贴近生活的案例给定任务,配合超星平台信息化手段的使用,融合多种资源,调动学生学习的积极性,让学生看到"枯燥"学习的另一面,让课堂所讲授的知识"有趣、有用、有态度"。
设计思想二	以"职业精神、中国情怀、百年党史"为主线,综合培养学生灵活运用专业理论知识和设计方法分析解决实际问题的实践能力,提高学生独立思考的能力,让学生树立牢固的规范意识和安全意识,激发学生勇于探索的创新精神、科技报国的家国情怀和使命担当。

教学模式及手段

教学模式	任务驱动—理性思考—学而习之—即时总结—融会贯通。
教学手段	1. 任务驱动：给定任务，引导、启发学生循序渐进分步完成，培养学生自主学习和思维创新能力。 2. 多媒体辅助：利用课件的动态效果，使其趣味化，形象直观地帮助学生更好地理解知识。 3. 启发引导：在教学过程中进行启发性讲授，引导学生进行探究性的学习。 4. 创设情境：创设模拟情境，使学生感受任务的重要性。

学法分析

学习方法	1. 分析归纳：通过对任务的分析，归纳出知识要点。 2. 合作探究：以小组为单位讨论学习，树立团队合作意识。 3. 对比观察：通过对比、观察，整合出新的知识内容。

教学过程设计

教学环节	教学内容	预设学生活动	设计意图
课堂导入	问题导入：电动机的正反转控制在生产生活中的应用非常广泛，如机床工作台的上下运动、铣床主轴的正转与反转、起重机吊钩的上升与下降、电动伸缩门的打开与关闭。多数情况下，当设备需要做前后、左右、上下来回运动时，就需要用到正反转。那么如何实现电动机的正反转控制呢？今天我们就来解决这个问题。	学生跟随教师思路，思考电动机的正反转控制是如何实现的呢？	创设情境，引发学生对电动机正反转控制的兴趣，激起求知欲望，引入正课。
任务安排	给定任务：采用继电—接触器实现对电动伸缩门的电气控制。 控制要求：大门能开；大门能关；	学生先自己思考1分钟，不讨论，然后利用手机向超星讨论版提交自己的答案。	通过自己思考后得到答案，再与他人的答案进行比较与碰撞，从而达到更好的效果。

教学环节	教学内容	预设学生活动	设计意图
	开门、关门过程中随时能停止；开门与关门过程中不用按停止按钮，能直接切换。 设置问题：根据要求，需要对电动机进行哪些控制？ 答案预设：正转、反转、停止。		
三相异步电动机正反转控制电路的设计	一、大门能开——电动机正转电路。 继电接触器电路一般包括两部分：主电路和控制电路。先设计主电路，再设计控制电路。 	学生听讲，积极思考，跟随互动，尝试理解，拓展思维。	1. 使学生了解电动机控制电路的基本构成单元及设计思路。 2. 为实现本课任务做好第一个知识储备。
	二、大门能开、能关——电动机正反转电路。 设置问题：电动机如何实现反转？ 答案预设：利用两个接触器KM1、KM2，改变电源接入电动机的相序可以实现电动机正反转控制。 主电路：在正转主电路的基础上，加入反转控制接触器KM2，实现UW两相交换。	观看动画，思考实现电动机正反转控制的方法及原理。	直观地看到实现电动机正反转控制的方法，归纳出电动机实现反转的原理，做好第二个知识储备。

教学环节	教学内容	预设学生活动	设计意图
		设计主电路： KM1：正转控制接触器 KM2：反转控制接触器	层层递进，实施任务。
	控制电路：前面已经完成电动机正转控制电路的设计，同理可以得到反转控制电路。一台电机既要实现正转，又要实现反转，可以把两者组合在一起并简化，得到正反转控制电路，因为是对一台电机控制，所以保护元件和停止按钮可以共用一套。 	设计控制电路： SB1：正转起动按钮 SB2：反转起动按钮	举一反三，融会贯通。
	把主电路和控制电路组合到一起，分析电路的工作过程： 设置问题：KM1、KM2同时得电会有什么后果？ 答案预设：同时得电会使电源短路。	学习通抢答：这个电路有什么问题？KM1、KM2同时得电会有什么后果？	营造活跃的学习氛围，带动学生兴趣，吸引学生注意力。通过小活动达到教学效果，同时培养学生的思考能力。

教学环节	教学内容	预设学生活动	设计意图
	观看视频:哈尔滨"8·25"火灾事故时事新闻。 火灾事故原因查明:电气线路短路引燃周围装饰材料蔓延成灾。 设置问题:在电路中如何避免KM1、KM2同时得电? 答案预设:加入电气互锁。 在KM1的线圈电路中串入KM2的辅助常闭触点。 在KM2的线圈电路中串入KM1的辅助常闭触点。 加入电气互锁,分析电路的工作过程: 设置问题:这个电路有什么缺点? 答案预设:电动机正反转切换过程中,需要先按停止按钮。 设置问题:如何解决在开门与关门过程中不用按停止按钮,能直接切换? 答案预设:加入机械互锁。 启动按钮SB1、SB2采用复合按钮。并将常闭触头串接在对方的回路中,形成机械互锁。 	观看视频,深刻认识电气线路短路的危害,树立安全责任意识。 分组讨论:在电路中如何避免KM1、KM2同时得电?利用手机向超星讨论版提交小组的答案。 课堂提问:这个电路有什么缺点? 认真思考,积极回答问题。 分组讨论:如何实现在开门与关门过程中不用按停止按钮,能直接切换? 学生小组就问题进行讨论、分析、得出结论。然后利用手机向超星讨论版提交小组的答案。	培养学生良好的职业道德与责任使命:设计电路一定要严谨,不仅要完成功能,更要安全可靠,电路安全事关千家万户,不容忽视。 课程思政:以小组为单位讨论学习,树立团队合作意识。 丰富互动形式,激发学生学习的积极性,鼓励学生发表独特见解,锻炼学生独立思考的能力。 课程思政:教学过程中不断地抛出问题,引导学生积极思考,在不断解决问题的过程中,逐步理解并掌握知识重点。有意识地培养学生发现问题、分析问题、解决问题的综合能力,树立牢固的规范意识和安全意识,培养学生严谨的大国工匠精神。

教学环节	教学内容	预设学生活动	设计意图
	观看视频:《少年工匠——电气安装不简单》。	通过观看视频，激发学生的自信心和学习动力。	鼓励学生积极参与科技创新竞赛和职业技能大赛,要养成坚持创新、踏实严谨、吃苦耐劳、团结协作、勇于拼搏、追求卓越的品质。
知识与能力拓展	布置小组任务:当电动伸缩门完全打开或者完全关闭后,不用按停止按钮也能够自动停止,该如何实现?	学生通过查阅资料、小组讨论等形式,完成任务。	通过小组任务,进行拓展提升,培养学生搜集资料、整合知识、团队协作、勇于创新等能力。
小结	三相异步电动机正反转控制电路的设计步骤: 1. 设计电动机正转控制电路。 2. 设计电动机正反转控制电路。 3. 加入电气互锁——防止电源短路。 4. 加入机械互锁——实现正反转的直接切换。	学生对本节课内容进行梳理,并掌握每部分需要注意的问题。通过学习通选人的形式找同学进行总结。	教学小结串联知识点,强化记忆,有助于学生对本节主要教学内容和知识结构的梳理和总结。培养学生整合知识的能力。
布置作业	1. 绘制三相异步电动机双重互锁正反转控制电路的电路图。	1. 巩固新知,能够正确、规范绘制三相异步电动机正反转控制电路的电路图。	1. 回顾课堂内容,通过绘制电路图让学生意识到做任何事都要踏踏实实,切勿眼高手低。培养学生严谨细致、一丝不苟、精益求精的大国工匠精神。

续表

教学环节	教学内容	预设学生活动	设计意图
	2. 进行多地点控制和顺序起动联锁控制线路的设计。	2. 能够根据生产机械的工艺要求，设计主电路和控制电路。	2. 通过搜集资料，培养学生自主学习能力。对课堂讲解的案例举一反三，进行实践，达成学习目标。

教学评价

1. 成功之处：任务驱动是本课的教学主线，合作探究是学生的学习主线，在教学中，学生已经初步掌握了电机正反转控制的工作原理以及电路设计，使学生真正做到了在学中做，在学中思，在学中练，在学中巩固。教学中，我巧妙借助信息化技术手段，使抽象理论直观化，使互动形式多样化；动画课件的运用，为学生提供模拟的环境，丰富的互动形式激发了学生的求知欲，对这部分知识难点的突破起到了很好的帮助作用。

2. 不足之处：此部分仅仅是在理论方面完成了电路设计，之后需要增加实训课，让学生亲自动手连接线路，观察电路的工作特点。

3. 课程思政：教学过程中不断地抛出问题，引导学生积极思考，在不断解决问题的过程中，逐步理解并掌握知识重点。有意识地培养学生发现问题、分析问题、解决问题的能力，让学生树立牢固的规范意识和安全意识，培养学生严谨的工匠精神。

教学设计感悟

在实际生产生活中，三相异步电动机正反转控制线路应用非常广泛，如机床工作台的上下移动、铣床主轴的正转与反转、起重机吊钩的上升与下降、电动伸缩门的打开与关闭。多数情况下，当设备需要做前后、左右、上下来回运动时，就需要采用正反转控制。根据教学大纲对知识传授、能力培养、思政教育三者有机统一的要求，加上对教学的分析和对学生的分析，总结以下几点教学设计体会。

一、注意思路清晰，使内容系统化

设计和理解三相异步电动机的正反转控制电路时，将"前一种电路的缺点是后一种电路努力改进的方向"作为主线，采用发现问题、提出问题、分析问题、解决问题的方法来处理每一个相对独立的电路，有利于学生循序渐进地接受新知识，变"难点"为"趣点"，变"无序"为"有序"，使学生感到难点不难，重点突出。在设计过程中，要分清主电路和控制电路，以任务驱动的形式，逐步实现控制要求。

1. 电动机正转电路的设计——大门能开。
2. 电动机正反转电路的设计——大门能开、能关。
3. 操作不当会造成电源短路——加入电气互锁。
4. 实现正反转的直接切换——加入机械互锁。

二、符合普遍认知规律，方便学生理解

"教必有法，而教无定法"，只有方法恰当，才会有效。在教学方法上主要采用"启发＋思考＋讨论＋展示"的方法。在整个课堂当中，突出以"学生为主体，老师为主导"的教学形式。

三、润物细无声般融入课程思政

整个教学设计过程中并没有给学生讲大道理，但是从教学内容的安排到教学过程的呈现，处处渗透着课程思政。教学过程中不断地抛出问题，引导学生积极思考，在不断地解决问题过程中，逐步理解并掌握知识重点，有意识地培养学生发现问题、分析问题、解决问题的能力，让学生树立牢固的规范意识和安全意识，培养学生严谨的大国工匠精神。教学过程中充分运行现代信息手段，通过主题讨论、选人、抢答、小组任务等丰富的互动形式，激发学生学习的积极性，鼓励学生发表独特见解，培养学生搜集资料、整合知识、创新协作等能力。

◉ 教师简介

牛海春，青岛黄海学院智能制造学院教师，电气工程系副主任，青岛市科普专家，副教授。主要从事电机及拖动基础、电工电子技术、大学物理等课程的

教学工作。积极进行课程改革与创新研究，主讲课程电机及拖动基础获批校级在线开放课程、校级一流课程、校级课程思政培育项目；主讲课程电工电子技术获批 2022 年度本科课程评估示范课程、课程思政示范课程、课程思政示范课堂，校级一流课程等。发表教科研论文 20 余篇，主持各级教科研项目 13 项，授权专利 6 项。参加各级教学比赛获奖 10 余项，2021 年参加全国高等学校物理基础课程青年教师讲课比赛获山东省预赛一等奖，2017 年参加山东省民办高校青年教师教学比赛获二等奖，2018 年参加山东省高校青年教师教学比赛获三等奖。指导学生参加"互联网＋"创新创业竞赛、"西门子杯"中国智能制造挑战赛等各类创新创业大赛，获奖 60 余项；指导学生获批国家级大学生科技创新项目 2 项、省级 7 项。多次获得"优秀共产党员""教书育人先进个人""教学能手""课程思政优秀教师""社会实践优秀指导者"、山东省学科竞赛"优秀指导教师"等荣誉称号。

压杆的稳定性教学设计

教学目标

知识目标	1. 理解压杆稳定的基本概念。 2. 掌握两端铰支细长压杆的临界压力。 3. 掌握其他支座条件下细长压杆的临界压力。
能力目标	通过压杆稳定的概念和两端铰支及其他支座条件下细长压杆的临界压力的讲解,奠定学生分析压杆稳定问题的基础。
素养目标	培养学生认真细致的工作态度和善于区分事物多面性的能力。
思政目标	1. 强调工程质量重于泰山,培养学生安全严谨的工程素养,同时使学生学习科学家对知识求真求实的品质,让学生立志成为对社会有用人才。 2. 激发学生想要成为对社会和国家有用的人才,必须打下扎实基础的信念。 3. 培养学生提高认识问题的规律和方法,树立严谨、认真的工作态度。

板书设计

欧拉公式

$$F_{cr} = \frac{\pi^2 EI}{(\mu l)^2} = \frac{\pi^2 E \dfrac{\pi d^4}{64}}{(\mu l)^2} = C \frac{d^4}{l^2}$$

1 杆(d, l), $4F_{cr}$

2 杆$(2d, 2l)$, $16F_{cr}$

3 杆$(d, 2l)$, F_{cr}

教学分析

教学重点	重点	1. 压杆稳定的概念。 2. 两端铰支细长压杆的临界压力、欧拉公式。
	对策	1. 通过工程实例和课堂实验让学生理解压杆稳定的概念。 2. 以两端铰支细长压杆为例,推导欧拉公式。 3. 通过课堂练习,观察学生对基本知识的掌握程度,查缺补漏。 4. 布置课后作业来扩展知识的应用。
教学难点	难点	欧拉公式的推导。
	对策	1. 通过教师例题讲解,使学生理解欧拉公式; 2. 激发学生旧知,引导学生思考,激发学生的求知欲。

学情分析

优势	1. 学生已经具备较为充足的专业知识,为本节课的学习打下了基础,能够做到触类旁通。 2. 思维活跃,学习目的性较强,对理论知识的背景和工程应用感兴趣。
不足	学生眼高手低,缺乏理论联系实际的能力。

教学思想

设计思想一	重点内容重点讲解,把握教学节奏,关注学生课堂表现。合理应用教学方法,配合课程实践练习,通过教师讲解,结合不断地思考、分析归纳对比,掌握所学内容。
设计思想二	选择丰富有趣又贴近生活且和专业相关的工程实例,配合超星平台信息化手段的使用,融合多种资源,调动学生学习的积极性,让学生看到"枯燥"学习的另一面,让课堂所讲授的知识"有趣、有用、有态度"。

教学模式及手段

教学模式	课前预习—指导教学—知识应用—课后思考。
教学手段	1. 通过工程和生活中常见的受压细长杆件展示让学生认识到学习压杆稳定的重要性。

教学手段	2. 利用信息化(图片、在线互动等)功能,增添课堂多样性,丰富课堂教学手段; 3. 工程实例讲解,在强调课程重要性的同时提高学生学习兴趣。 4. 知识归纳与总结,便于学生掌握。 5. 实例分析,理论结合实际强化知识的应用。

教学过程

教学环节	教学内容	学生活动	设计意图
课堂导入	1. 工程中常见的压杆:火车卧铺斜撑杆、起重机的液压杆、大跨度结构的立柱、桁架结构的弦杆等。 2. 由于压杆失稳引起的重大事故:1907 年,加拿大劳伦斯河上的魁北克大桥坍塌事故、2011 年广东工商银行汕尾分行大厦脚手架坍塌事故、2001 年上海 600 吨龙门起重机倒塌事故和 2016 年江西发电厂冷却塔倒塌事故。	观看由于压杆失稳引起的重大事故图片,认识到压杆稳定的重要性。	通过实际案例的展示让学生了解压杆失稳往往是突然发生的,所以其后果也是比较严重的。强调工程质量重于泰山,同时培养学生安全严谨的工程素养。
稳定性和临界压力的概念	1. 课上小实验:三根压杆,一端固定,一端自由:1 杆长为 l,直径为 d;2 杆长为 2l,直径为 2d;3 杆长为 2l,直径为 d。 2. 稳定性:构件保持原有平衡状态的能力。 3. 实验分析:随着杆件轴向压力的增加,杆件的平衡状态也会随之改变。当轴向压力达到临界压力时,杆件的平衡状态将由稳定的平衡状态逐渐转变为不稳定的平衡状态。所以,"临界荷载"是受压杆件发生失稳的最小荷载。	观察实验过程并思考。 思考稳定平衡、随遇平衡和不稳定平衡的概念是什么以及失稳跟什么有关。	利用课上小实验,引出稳定性和失稳的概念。对实验中的受压杆件进行分析,让学生理解压杆稳定的内在机理并引出临界压力的概念。

教学环节	教学内容	学生活动	设计意图
欧拉公式	1. 两端铰支细长压杆的临界压力。通过力矩平衡方程和挠曲线近似微分方程,利用边界条件,推导出欧拉公式: $$F_{cr}=\frac{\pi^2 EI}{l^2}$$ 分析三根杆件的临界压力区别。 $$F_{cr}=\frac{\pi^2 EI}{(\mu l)^2}=\frac{\pi^2 E\frac{\pi d^4}{64}}{(\mu l)^2}=C\frac{d^4}{l^2}$$ 1 杆(d,l),$4F_{cr}$ 2 杆$(2d,2l)$,$16F_{cr}$ 3 杆$(d,2l)$,F_{cr} 2. 其他约束情况细长压杆的临界压力。 利用相当长度法获得一端固定、一端自由细长压杆的临界压力: $$F_{cr}=\frac{\pi^2 EI}{(2l)^2}$$ 为统一,给出了欧拉公式的一般表达式: $$F_{cr}=\frac{\pi^2 EI}{(\mu l)^2}$$ (其中,μl为相当长度,μ为长度系数,与杆端约束情况有关。) 3. 工程中不同约束情况下细长压杆长度系数μ的取值。 （1）两端铰支$\mu=1$; （2）一端固定、一端自由$\mu=2$; （3）一端固定、一端铰支$\mu=0.7$; （4）两端铰支$\mu=0.5$。 约束程度越高,长度系数越小,因此临界压力也就越大,杆件越不容易失稳;而约束程度越低,长度系数越大,因此临界压力越小,杆件越容易失稳。	掌握细长压杆临界压力的欧拉公式。 理解实验中细长杆失去稳定性的原因。 掌握其他约束情况下细长压杆的临界压力。 了解杆件稳定性不仅与杆长、截面尺寸有关,还与杆端约束形式有关。	通过欧拉公式的推导过程,说明基础数学理论对科学发展的重要作用,学生要想成为对社会和国家有用的人才,必需打下扎实的知识基础。 让学生对比不同的约束类型临界压力的区别,以培养学生归纳总结的科学思维。

教学环节	教学内容	学生活动	设计意图
	4. 随堂练习(判断题)。 压杆的临界压力与材料的弹性模量成正比。(×) 解析:欧拉公式适用于细长压杆,所以题干没有交代是细长压杆,而只说是受压杆件。	学习通随堂练习。	通过随堂练习了解学生对欧拉公式的理解。
例题讲解	例题:已知一内燃机、空气压缩机的连杆为细长压杆,截面形状为工字钢形,惯性矩 $I_z=6.5\times10^4\,mm^4$,弹性模量 $E=2.1\times10^5\,MPa$,$I_y=3.8\times10^4\,mm^4$,试计算临界力 F_{cr}。(图见课件) 解:XOY 面,约束情况为两端铰支 $\mu=1$,$I=I_z$,$l=1\,m$。 $$F_{cr}=\frac{\pi^2EI}{(\mu l)^2}=\frac{3.14^2\times2.1\times10^{11}\times6.5\times10^{-8}}{(1\times1)^2}$$ $$=134.6\,kN$$ XOZ 面,约束情况为两端固定 $\mu=0.5$,$I=I_y$,$l=0.88\,m$。 $$F_{cr}=\frac{\pi^2EI}{(\mu l)^2}=\frac{3.14^2\times2.1\times10^{11}\times3.8\times10^{-8}}{(1\times1)^2}$$ $$=406.4\,kN$$ 所以连杆的临界压力为 $134.6\,kN$。	分析做题思路。	该例题较为基础,是对本节课所学知识的应用。 让学生了解认识问题的规律和方法,树立"严谨、认真"的工作态度。
知识总结	1. 压杆稳定的基本概念。 2. 掌握两端铰支细长压杆的临界压力。 3. 掌握其他支座条件下细长压杆的临界压力、欧拉公式。	对本节主要教学内容和知识结构进行梳理和总结。	教学小结串联知识点,强化学生记忆。
课后思考	把一张纸竖立在桌面上,在其自重的作用下足以使它弯曲;若把纸折成三角形放置,其自重就不能使它弯曲了;若把纸卷成圆筒形放置,甚至在顶端加上砝码也不会弯曲。为什么?	课后思考并准备下节课的讨论。	考查学生对本节课知识运用熟练程度。并引发学生思考,同一张纸,为什么截面形状不同其稳定性不相同?

续表

教学环节	教学内容	学生活动	设计意图
	答疑：一张纸竖在桌面上，截面对形心主轴的惯性矩一个非常大，一个非常小，纸总在惯性矩非常小的纵向面内发生弯曲；如果将其折成三角形或圆筒形放置，相当于在截面不变的情况下，截面的大部分分布在远离中性轴的区域，大大提高了截面的惯性矩，相应地提高了压杆的临界压力。把纸卷成圆筒形，此时截面对两个形心主轴的惯性矩相等，压杆在两个纵向面内的工作柔度相等，此时压杆有最好的稳定性。		

课堂评价

本次课的教学评价共分为三部分：
1. 课前发布本次课的教学视频，让学生根据案例查阅相关资料，提前了解相关的知识。通过学习通任务点的完成情况对学生课前预习效果进行评价。
2. 课上发布客观练习题，通过习题成绩评价学生对本次课的理论知识掌握情况。
3. 课后发布主观作业题，通过作业的完成情况考核学生对基础知识的运用熟练程度。

教学设计感悟

材料力学是我校机械类专业的学科基础课程，是一门注重理论联系实际的经典力学课程。课程特点是概念多、公式多、公式推导复杂、理论性强，学生在学习过程中易感到枯燥乏味，甚至产生厌学情绪。在教学设计过程中融入工程实际案例和课堂实验，注重课程思政的融入，不仅为枯燥的课程教学增添了人文气息，更重要的是为立德树人这一根本目标的实现奠定了坚实的基础。

配合课程的教学实施，提出了课前导入、课中分析、课后延伸的"三步法"思政教学设计。课前要求学生查阅或推送给学生与课程知识有关的工程案例，让学生根据案例查阅相关资料,提前了解相关的知识。课中以压杆失稳引起的重大事故导入,让学生认识到压杆稳定的概念的重要性,强调工程质量重于泰山,培养学生安全严谨的工程素养。通过课堂小实验讲解压杆稳定概念和问题的求解过程,并进一步借助工程结构分析讨论,加强理论与实际的联系。

课后安排相应的延伸与讨论,主题是把一张纸竖立在桌面上,在其自重的作用下足以使它弯曲;若把纸折成角形放置,其自重就不能使它弯曲了;若把纸卷成圆筒形放置,甚至在顶端加上砝码也不会弯曲。为什么?让学生在思考中领悟压杆稳定的概念和避免压杆失稳的措施,发现力学知识就在身边,鼓励学生探索发现身边的力学问题。

▶ 教师简介

葛伟伟,青岛黄海学院智能制造学院教师,机械工程系副主任,副教授。主要从事理论力学、材料力学、工程力学等课程的教学,教学过程中注重理论联系实际和课程思政的融入。发表教科研论文 10 余篇,主持和参与多项校级、省级教科研课题。多次参加校内外教学比赛,获得山东省第七届民办高校青年教师教学比赛本科组一等奖,多次获得省级教学比赛优秀奖和校级教学比赛一等奖,获得校级"优秀教师"及"三育人先进个人"称号。

压电效应、压电材料和压电元件的连接教学设计

教学目标

教学背景	本节课重点讲述压电式传感器知识,包括压电式传感器工作原理、压电材料和压电元件的连接方式等。以此锻炼学生自主学习、分析问题的能力,并树立理论联系实际的工程观点,为学习后续课程和从事工程技术工作打好基础。
教学目标	1. 知识目标。 通过本次课的学习,学生能够理解并掌握压电式传感器工作原理、压电材料、压电元件的连接。 2. 能力目标。 培养学生的发散性思维,提高学生深度思考的能力,为将来从事自动控制以及智能产品的开发与检测奠定坚实的基础。 3. 素养目标。 培养学生的合作意识以及严谨、踏实的学习习惯。
教学重点	1. 压电效应、常用压电材料。 2. 压电元件的连接方式。
教学难点	压电元件的连接方式。
教学方法	整体采用多媒体教学,利用学习通教学平台,并辅以形象的 PPT 动画来演示,具体环节采用启发式提问、案例分析、互动交流等多种教法。

教学过程

教学过程	备注
• 新课导入 请同学们看一下这三个实例,你知道原理吗? 1. 压电传感器测速:公路上有 2 根 PVDF 压电电缆,通过对压电电缆的输出信号波形判断车辆的速度。 2. 压电式玻璃破碎报警装置:利用压电元件对振动敏感的特性来感知玻璃受撞击和玻璃破碎时产生的振动波。可广泛用于文物保管、贵重商品保管及智能楼宇中的防盗报警装置。 3. 鞋垫黑科技,真正的移动电源:人体重力作用在鞋垫中的压电元件上,产生电信号,可以给手机充电等。 最后引出今天的学习内容:压电式传感器。	案例引入,提升学生学习的兴趣,增强理论与实际的联系。
• 讲授新课 压电式传感器的概况。 压电传感器的工作原理是基于某些介质材料的压电效应。 1. 定义:利用压电材料的压电效应,实现机械能与电能相互转换的传感器。 压电效应可逆,是典型的双向传感器。 被测非电量通过压电效应产生电压值或者电荷值,再通过测量电路转化成电压或者电流。 2. 压电传感器实物图:压电加速度计、压电陶瓷超声换能器、医学超声检测。 压电传感器具有体积小、重量轻、工作频带宽、灵敏度高、工作可靠、测量范围广等特点。 各种动态力、机械冲击与振动的测量以及声学、医学、力学、宇航等方面都有广泛应用。 一、压电效应 1. 压电效应的发现。 1880 年,皮埃尔·居里和雅克·居里兄弟发现电气石具有压电效应。 1881 年,他们通过实验验证了逆压电效应,并得出了正逆压电常数。 1984 年,德国物理学家沃德马·沃伊特,推论出只有无对称中心的 20 中点群的晶体才可能具有压电效应。	课件展示的大量实物图片能够增强学生对压电式传感器的全面的认知。 【学习通中课前任务】 查阅压电效应的发现历程。

教学过程	备注
2. 正压电效应(顺压电效应)。 某些物质沿着一定方向受到外力作用时会产生变形,同时内部产生极化现象,这种材料两个表面会产生符号相反的电荷,当外力去掉后,又重新恢复不带电状态,这种现象被称为正压电效应。 当作用力方向改变后,电荷的极性也随之改变。 3. 逆压电效应(电致伸缩效应)。 当在某些物质的极化方向施加电场,这些材料就在一定方向上产生机械变形或机械压力;当外加电场撤去时,这些变形或应力也随之消失。这种电能转化为机械能的现象称为"逆压电效应"或"电致伸缩效应"。 4. 压电效应的特点。 (1)具有可逆性。 (2)具有瞬时性。 当力的方向改变时,电荷的极性随之改变,输出电压的频率与动态力的频率相同。 (3)具有不稳定性。 当动态力变为静态力时,电荷将由于表面漏电而很快泄漏、消失。 【动画链接】压电效应的原理动画演示说明。 二、压电材料 具有压电特性的材料称为压电材料。压电材料可以分为三大类:石英晶体、压电陶瓷和新型高分子材料。 1. 石英晶体压电效应。 【图片链接】 (a) 完整的石英晶体　　(b) 石英晶片的切割　　　(c) 石英晶片 纵轴 Z 称为光轴,它是晶体的对称轴,光线沿 Z 轴通过晶体不产生压电现象,因而它的贡献是作为基准轴;经过正六面体棱线而垂直于光轴的 X 轴称为电轴,该轴压电效应最显著;垂直于 X 轴和 Z 轴的 Y 轴称为机械轴,在此轴上加力产生的变形最大。	课程思政: 【坚持不懈的工匠精神】 压电效应的发现历程。 课程设计: 【小组讨论】压电效应的特点是什么? 此环节需要学生对概念强化理解,是本节的重点。

教学过程	备注
【思考】通常把沿电轴 X-X 方向的力作用下产生电荷的压电效应称为"纵向压电效应"，而把沿机械轴 Y-Y 方向的力作用下产生电荷的压电效应称为"横向压电效应"，沿光轴 Z-Z 方向受力则不产生压电效应。 【图片链接】 （a）纵向压电效应　　　（b）横向压电效应 2. 压电陶瓷的压电效应。 压电陶瓷是人工制造的多晶压电材料，它具有类似铁磁材料磁畴结构的电畴结构。电畴是分子自发形成的区域，它有一定的极化方向，从而存在一定的电场。 在无外电场作用时，各个电畴在晶体上杂乱分布，它们的极化效应被相互抵消，因此原始的压电陶瓷不具有压电效应。 【图片链接】 （a）未极化的陶瓷　　（b）正在极化的陶瓷　　（c）极化后的陶瓷 【设问】极化处理后，压电陶瓷内的电畴如何变化？ 三、压电元件的连接 压电元件是压电传感器的敏感元件，又是转换元件，单片压电元件产生的电荷量很小，常采用两片（或两片以上）同规格的压电元件黏结在一起，以提高压电传感器的输出灵敏度。 （a）并联连接　　　　（b）串联连接	课程设计： 【思考】 是不是任何方向上施加力都可以发生压电效应？ 此环节借助实物图或动画主要向学生说明压电传感器的应用，培养工程概念，启发学生自己查阅资料，多了解实际应用。 【课后查资料】压电陶瓷和高分子材料的压电效应。 【课堂抢答】压电片两种连接方式的特点。

117

续表

教学过程	备注
总结压电片两种连接方式的特点及适用范围。 并联：输出电压等于单片电压，输出电荷变为单片电荷量的 2 倍，输出电容变为单片电容的 2 倍，时间常数变大。适用范围：测量慢变信号，以电荷为输出量的场合。 串联：输出电压变为单片电压的 2 倍，输出电荷不变，本身电容变为单片电容的一半，时间常数变小。适用范围：测量电路输入阻抗很高，以电压为输出量的场合。 **课程思政【价值观中的团结协作】** 压电元件的连接告诉我们：个体的力量总是渺小的、有限的，一个团队的力量远大于单个个体的力量。合作、协同有助于调动团队成员的所有资源与才智，为达到既定目标而产生一股强大而持久的力量。正所谓"合作共赢""协同创新""1+1>2"。	压电元件的连接引入课程思政【价值观中的团结协作】
·学习通随堂练习 **【随堂练习】** 某压电传感器由 2 片石英晶片并联而成，每片尺寸为($50×4×0.3$)mm^3，石英的相对介电常数为 4.5，当 1 MPa 的压力沿电轴垂直作用时，求传感器输出的电荷量和极间电压值。（真空中的介电常数 $8.85×10-12F/m$；压电系数 $d11=2.31×10-12C/N$）	学习通课堂练习查看学生掌握情况，并讲解。
·知识总结 1. 压电效应。 2. 压电材料。 3. 压电元件的连接。	总结、梳理本节课的主要内容，帮助学生巩固知识点。
·课后拓展 1. 拓展内容。 （1）智能手机的"摇一摇"功能和"微信运动"中的走路步数测量是怎么实现的？ （2）结合"新型传感器与通信技术一体化"科研团队了解柔性压电传感器前沿知识。 2. 学习通作业。	主观性与非主观性作业相结合，提升学生的综合素养。

教学小结

教学评价	通过对压电式传感器压电效应、压电材料、压电元件的连接以及实际应用的深入讲解，结合实例分析以及相关专业知识的引入，与学生一起分析演示，共同完成了本节课的学习。在整个教学过程中，运用多种教学方法和手段，引导学生积极思考，课堂互动效果良好。

教学设计感悟

一、设计思路

教学设计的过程包括课前、课中、课后，三个环节前后衔接，才能呈现满意的授课效果。教学设计整个过程是线上、线下混合式，需要用到本人主持建设的学银在线平台智能传感与检测的课程资源（https://xueyinonline.com/detail/227711426），具体设计思路如下。

1. 课前设计。

课前在学习通上传本次课教学内容，发布课件、知识点的微课视频和学生观看视频后的测试题，根据学生视频观看和测试题完成情况设计课堂测试题、课堂讨论题，并上传到学习通。网络教学平台记录学生观看微课视频的时长、测试题完成情况、学生遇到的问题等，这是进行课堂教学设计的依据。

2. 课中设计。

首先，创建"讨论话题"，通过网络教学平台创建"小组活动"功能对学生进行分组，学生以小组为单位进行讨论，活动结束后每组派出一名代表进行成果汇报，教师和其他小组同学共同参与评价给出汇报成绩；其次，教师引导学生进行知识的拓展和深化，介绍前沿知识和最新技术等；最后，学生在网络教学平台上完成随堂测试，教师根据测试成绩和答题情况，进行个性化辅导、答疑。

课程注重思政引领，融价值观、方法论、知识点于一体，本设计中用到了"坚持不懈"的工匠精神和"团结协作"的价值观。

3. 课后设计。

在混合式教学中，课后学习能促进学生更深刻地思考，包括网络教学平台作业、线上讨论和项目实践或者应用知识拓展三方面。

二、设计亮点

本节课教学设计中有以下三方面亮点。

1. 重构课程顺序，应用案例式导课，提高学生兴趣。

课本原有顺序是先讲传感器的原理结构，再讲应用，导致学生学习原理结构时兴致不高。本设计通过多个图片、视频等压电传感器应用的案例导入课程，激发学生兴趣，有助于原理结构的学习掌握。

2. 学贵有疑，坚持高级思维。

通过质疑追问、交流与微思考、项目实践、学术前沿知识等强化深度学习和高阶赋能。本设计通过课前布置小组任务、课中讨论、课后拓展内容作业以及结合"新型传感器与通信技术一体化"科研团队了解柔性传感器前沿知识。提高学生应用知识的能力、自主学习能力、文献查阅能力和创新能力。

3. 加强思政引领，注重学生全面素养提升。

引领学生发展，重视学生方法论引领和价值观塑造。探索思政教学模式，挖掘创新发展理念、科学精神、工程伦理等思政元素。

▶ **教师简介**

刘娜，中共党员，副教授，青岛黄海学院智能制造学院电信工程系主任。主讲课程传感器与检测技术、电路、信号检测与处理等。发表教改论文十余篇，主持教育部协同育人项目 3 项，校级重点教改课题 1 项；参编教材 1 部；作为负责人主讲的传感器与检测技术获批校级一流课程、课程思政示范课程、在线开放课程；参与省级教改课题 4 项；主持参与省教育厅高校科技计划项目 5 项。曾获山东省民办教育优秀科研成果三等奖；山东省高校教学成果奖二等奖；山东省智能控制大赛、山东省智能制造大赛优秀指导教师；青岛黄海学院"三八红旗手""评建工作先进个人""毕业设计优秀指导教师""教学能手"，并多次获校级"优秀教师""优秀共产党员"荣誉称号。

铰链四杆机构的压力角 与"死点"教学设计

教学基本情况

(一)课程概况			
课程名称	机械原理	授课学时	48
课程类型	专业必修课	授课对象	机械设计制造及其自动化专业二年级学生
授课内容	铰链四杆机构的压力角与"死点"	授课学期	4
教材	《机械原理》(第9版),孙桓、葛文杰主编,高等教育出版社		
(二)教学背景			

机械原理是机械设计制造及其自动化专业的一门专业主干必修课。课程综合运用数学、力学、材料及机械制图等课程的知识,解决典型机构的原理及设计问题,具有内容多、复杂、理论性强、难懂等特点,其阐述的内容在机械设计及制造领域具有重要的应用价值,肩负着奠定学生基本的机械设计能力的重要使命。因此,针对课程特点及其重要性,创新教学方法,改革教学模式,是落实立德树人根本任务,提升人才培养质量的关键。本课程采用线上、线下相结合的授课方式,在学习通建立课程,载入丰富的教学资源,加入大量针对性的习题,在每一章节后设计章节测验以供检验学习效果,引导学生充分利用网络教学资源,小组合作实现自学、探究,课程考核注重过程性评价,突出主动性、积极性、实践性、创新性及学习效果等方面的评价,培养学生掌握典型机构的工作原理及设计方法,并能够应用到机械设计的过程中,具备一定的机械结构设计能力,形成正确的设计思想和基本的工程素养,强化工匠精神和爱国情怀。

续表

（三）教学理念

"死点"是生活中常见且常用的机械现象，也是学生的课程设计和毕业设计的常见内容。教学过程坚持育人为先、因材施教、教学相长、勤学善思、思政引领、举一反三的教学理念，借助相关讨论、问题导入课程内容，通过案例分析、视频播放，加强思政教育，结合任务驱动式、启发导向式与合作探究式课堂教学法，充分激发学生的学习潜能，提高学生的课堂积极性，实现课程育人目标。巧妙应用课程思政案例，贯穿于整个教学过程中，达到"润物无声"的效果。

（四）教学目标

知识目标	技能目标	职业素养目标
1. 了解死点的概念，明确哪些机构存在死点。 2. 掌握压力角的概念，由此弄清死点的由来。 3. 通过生活实例，掌握克服死点的两种方法。 4. 联系生活实际，发掘生活中克服死点和应用死点的实例，并掌握其原理。	1. 掌握死点的原理，从二力杆着手，分析压力角。 2. 能够从常见机构中找出哪些机构可能存在死点。 3. 掌握克服死点和应用死点的方法，能够用于解决实际问题。 4. 能够举一反三，联系生活实际，找出生活中克服死点或者应用死点的实例。	1. 通过引入 C919 大飞机以及火车等机械实例，增强民族自豪感和爱国情怀。 2. 在原理推导过程中塑造踏实严谨、一丝不苟的优秀品质。 3. 培养遇到问题时解决问题、方法总比困难多的思想认识，不怕困难、克服困难。 4. 具有自主学习和举一反三的能力，积极发掘生活实例，以达到学以致用的效果。

（五）学情分析

课程授课对象是大二学生，已系统学习过高数、制图、力学及材料等相关课程，具备了一定的专业基础知识，有较强的自学能力，善于思考钻研，对新科技、新产品充满好奇，但也缺乏一定的自控力。教师需在教学中善于引导、积极互动，抓住学生学习兴趣点，提高学习效果。针对该课程的学习，学生充满新鲜感，渴求获取新知识，学习积极性较高。学生正处于思想活跃、乐于创新的状态，教师在讲授过程中应注意引导式教学，鼓励学生多观察、多思考，能够理论联系实际，发挥学生的主观能动性，提升整体学习效果。

（六）教学内容分析

本节课的学习内容为铰链四杆机构的压力角与"死点"。那么什么是死点？机构什么时候具有死点？如何克服或者应用死点呢？这就是本节课需要掌握的主要内容。在教学过程中，需要借助大量图片和动画演示，使学生不仅能够对死点的相关内容有所掌握，而且可以通过本节课调动学生的爱国热情和家国情怀，之后能够将所学知识运用到实际的工作当中，投身伟业、报效祖国。

教学重点	1. 产生"死点"的原理是什么。 2. 在生活实例中如何克服或者应用死点来解决问题。
教学难点	1. 压力角、传动角。 2. 死点在机械结构设计中的应用。
教学重难点分析及对策	重难点一：压力角和传动角。 教学对策：在 PPT 的设计中，采用动图演示，从二力杆的角度入手，层层分析，引入概念，以更形象的方式将压力角和传动角的概念刻入学生脑海中，做到概念清晰、记忆深刻。 重难点二：死点在机械结构设计中的应用。 教学对策：该难点采用案例教学的方法进行，首先通过生活中的实例，讲解其中应用了死点还是克服了死点，以及其原理。之后引导学生主动去观察和思考，反过来通过死点的原理，来找出生活中的应用实例，进而将死点的原理以及应用掌握得更好，进而达到学以致用的效果。
教学创新思政融入	1. 以"踩不动的缝纫机"引入本次课内容，贴近生活，以生活实例体现课程与生活的息息相关，引导学生认真学习、学有所用。 2. 在克服死点的方法中，应用到机车车轮机构，进而联想和讲解如今的高铁，以中国速度展现对祖国的热爱。 3. 首线，在应用死点的方法中，应用了飞机起落架的实例，让学生对生活中的机械有原理性的理解，并且能够加深学生对本课程重要性的认识。其次，联想到中国的 C919 大飞机，作为课程思政点。 4. 课后发布行业相关案例分析作为课后作业，拓宽学生视野，培养工匠精神，提升工程素养。

（七）教学方法与环境资源

教学方法	学法	1. 个别化自主式学法：学生课前通过自主学习任务单，安排个人计划，观看教学视频并查阅资料，完成基础知识的学习和积累，同时完成课前讨论，激发学生课前学习兴趣。 2. 案例探究式学法：课中设计典型案例，针对所学的理论知识进行点对点的应用，达到学以致用的效果。 3. 团队合作式学法：以小组为单位进行学习，提高学生团队协作能力，达到所有学生共同学习、共同进步的目的。
	教法	1. 任务驱动式教法：结合生活中"踩不动的缝纫机"的实例，给出学习任务，引出本次课的教学内容。 2. 启发导向式教法：由教师提出具体问题，引导学生分析问题，挖掘相关知识点，通过学习通随机选人或者以抢答的形式和学生之间形成互动，培养学生科学的思维方法，引导学生自发地解决问题。

续表

	3. 合作探究式教法:将学生分成小组,通过团队合作,探究给出工程实例中死点的应用方法及其中的原理,提高学生的团队合作意识以及学生学习的独立性。
教学资源准备	1. 课前教师充分研究教学内容,在学习通中发布自主学习任务单以及相关的兴趣讨论。 2. 推送中国民航界的黑马——C919 大飞机相关资料。 3. 更新完善相关教学资源,包括 PPT、视频、课堂测验、课后题库以及阅读推荐等。
信息化手段	1. 教学内容。 课程中采用大量的图片和视频,比如火车、飞机以及贴近生活的缝纫机、小桌子,加强感性认识,提升学习兴趣。 2. 超星网络教学平台。 针对课程应用性强、重要性强的特点,在教学过程中优化课程目标、构建学习平台、更新教学内容、完善考核机制,以提升人才培养质量。课程团队经过研讨互动,采用"一人主备、多人研讨、反复研磨、最终定稿"的方式精心安排教学内容,建立了在线开放课程,不断完善并共享丰富的教学资源,内容包含视频、题库、章节测验、阅读推荐等。 课程资料网址: https://mooc1. chaoxing. com/mycourse/teachercourse?moocId=207738628&clazzid=63835886&edit=true&v=0&cpi=0&pageHeader=0 3. 学习互动交流平台。 课程采用超星学习通和 QQ 群两个平台进行线上交流和互动。超星学习通平台交流互动内容包含发布学习任务单、讨论、作业等。同时采用 QQ 群进行课程内容的答疑解惑。

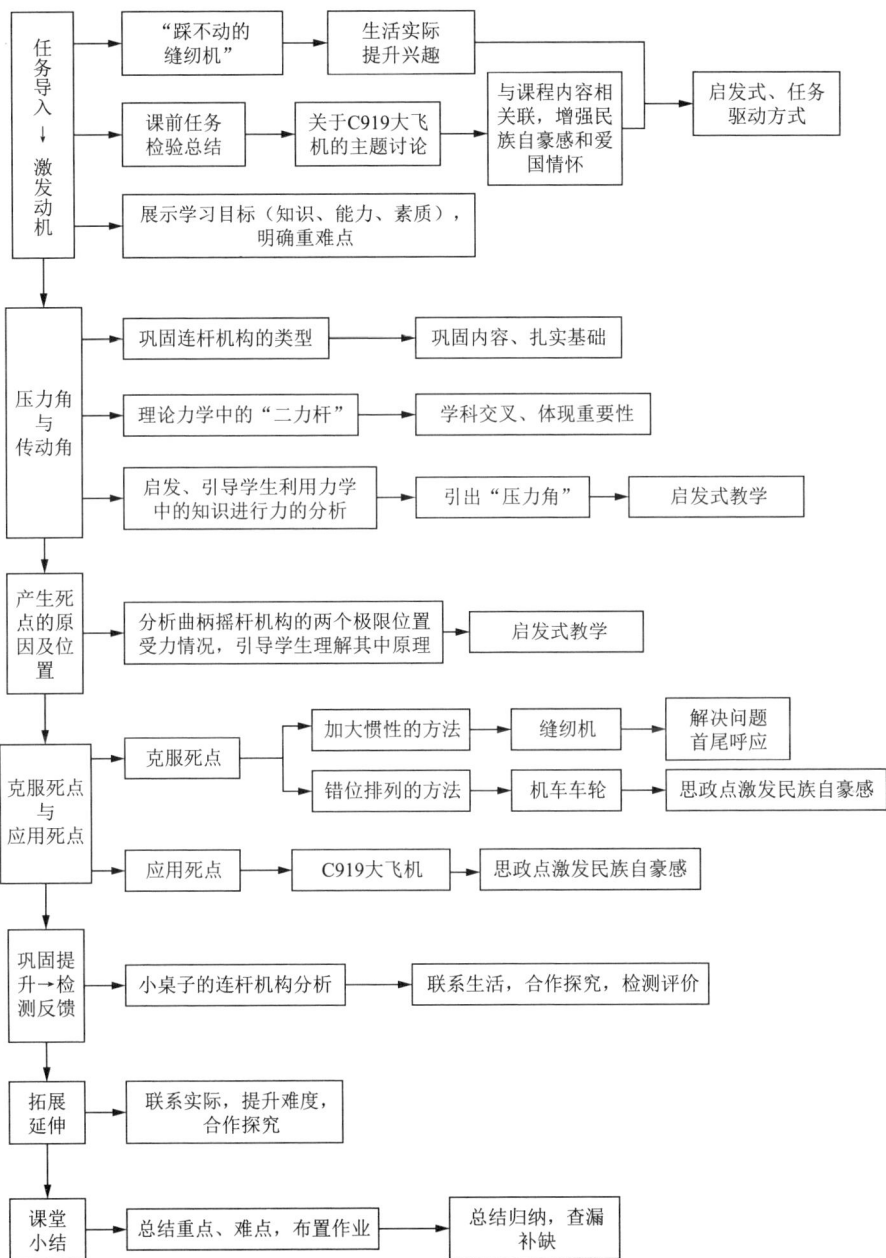

教学流程

```
任务导入 ──→ "踩不动的          ──→ 生活实际
↓             缝纫机"               提升兴趣
激发动机
            课前任务          ──→ 关于C919大飞      ──→ 与课程内容相      ──→ 启发式、任务
            检验总结              机的主题讨论          关联，增强民          驱动方式
                                                     族自豪感和爱国情怀

            展示学习目标（知识、能力、素质），
            明确重难点

压力角    ──→ 巩固连杆机构的类型      ──→ 巩固内容、扎实基础
与传动角
          ──→ 理论力学中的"二力杆"    ──→ 学科交叉、体现重要性

          ──→ 启发、引导学生利用力学    ──→ 引出"压力角"    ──→ 启发式教学
              中的知识进行力的分析

产生死     ──→ 分析曲柄摇杆机构的两个极限位置   ──→ 启发式教学
点的原因        受力情况，引导学生理解其中原理
及位置

克服死点   ──→ 克服死点   ──→ 加大惯性的方法   ──→ 缝纫机      ──→ 解决问题首尾呼应
与应用死点
                         ──→ 错位排列的方法   ──→ 机车车轮    ──→ 思政点激发民族自豪感

          ──→ 应用死点   ──→ C919大飞机   ──→ 思政点激发民族自豪感

巩固提     ──→ 小桌子的连杆机构分析   ──→ 联系生活，合作探究，检测评价
升→检
测反馈

拓展       ──→ 联系实际，提升难度，
延伸           合作探究

课堂       ──→ 总结重点、难点，布置作业   ──→ 总结归纳，查漏补缺
小结
```

教学实施过程

（一）课前探究				
教学环节	教学内容	师生活动		设计意图
		教师	学生	
课前探究	1. 在学习通平台发布学习任务单,供学生进行个别化的自主学习,观看视频并搜集相关资料。 2. 在学习通平台发布关于 C919 大飞机的相关讨论,督促学生查阅资料并参与讨论。	1. 充分研究教学内容,制作学习任务单并上传至学习通平台。 2. 设计关于 C919 大飞机的主题讨论,实时关注学生的讨论内容。	1. 学生根据任务单进行自主学习,做好课前预习工作。 2. 查阅和搜集相关资料,参与主题讨论。	1. 设计任务单能够为学生的自主学习提供导向。 2. 参与 C919 大飞机的主题讨论,在调动学生学习积极性的同时,增强民族自豪感。

（二）课堂实施				
教学环节	教学内容	师生活动		设计意图
		教师	学生	
新课导入	1. 课前主题讨论内容 C919 大飞机,其名字的相关含义是什么呢？ 2022 年 12 月 9 日和 C919 又有什么联系呢？了解中国民航界的黑马——C919 大飞机。 2. 生活案例导入课程内容:生活中"踩不动的缝纫机"为什么会踩不动呢？以此导入课程并激发学习动机。	1. 反馈学习通主题讨论结果,谈谈 C919 大飞机与本节课内容的关系。 2. 以实际生活中缝纫机会出现踩不动的现象,引出本节课的教学内容,联系生活实际,指出课程重要性。	1. 学习 C919 大飞机相关资料,参与课堂互动。 2. 了解缝纫机运行的工作原理,指出其中的机械结构。	1.C919 大飞机充分体现了中国实力,增强学生的民族自豪感和爱国情怀。 2. 通过分析主题讨论结果,督促学生积极参与,开阔视野。 3. 通过展示生活中和工程中的实例,使学生对死点的概念有感性的认识,提升学生的学习兴趣的同时让他们意识到课程内容的重要性。

		师生活动		
教学环节	教学内容	教师	学生	设计意图
		3. 学习通抢答或者随机选人,回顾之前所学与本节课相关的内容,并谈谈课前自主学习内容的感想。	3. 回顾旧知识,明确新任务,做好学习内容的衔接。	4. 问题导入课程,使学生的学习更加有目的性和针对性,培养学生发现问题和解决问题的能力。
探索新知	1. 压力角与传动角(基础)。 以曲柄摇杆机构为例进行讲解,给出机构运动简图,采用动图展示,清晰明了。	1. 给出曲柄摇杆机构的运动简图,介绍其相关概念,做好基础工作。 2. 由理论力学中二力杆的内容,分析给出压力角与传动角的概念。 3. 引导学生自发总结出压力角和传动角对机构传力的影响。	1. 跟随教师的讲解与总结,明确压力角和传动角的概念。 2. 小组研讨,完成曲柄滑块机构的受力分析,找出其中的压力角和传动角。	1. 学科交叉,通过启发式教学,引导学生主动思考,理解原理。 2. 团队合作式学法,激发学生深入思考,培养其团队合作和分析解决问题的能力。
	2. 机构中产生死点的位置(重点、难点)。 结合压力角和传动角,讲解死点的原理。	1. 借助压力角和传动角的原理,讲解产生死点的原因。 2. 举一反三,给出对心曲柄滑块机构和偏置曲柄滑块机构,引导学生分析问题,找出曲柄滑块机构是否存在死点,若存在,其位置在哪里。	1. 回顾压力角和传动角的概念以及它们对机构传力的影响。 2. 从传力角度理解曲柄滑块机构产生死点的原因。 3. 参与小组任务,合作探究完成曲柄滑块机构的死点分析。	1. 通过对曲柄摇杆机构中死点的分析,使学生理解原理,引导学生举一反三,能够给出曲柄滑块机构的死点分析。 2. 通过团队合作解决问题,发挥学生的学习主动性。与此同时,让学生学会团队间的沟通和合作。

（二）课堂实施

续表

（二）课堂实施				
教学环节	教学内容	师生活动		设计意图
		教师	学生	
	3. 克服和应用死点（重点）。克服死点案例分析：缝纫机、机车车轮。应用死点案例分析：飞机起落架。	1. 重新返回导入时的案例——缝纫机，分析死点产生的原因以及如何克服死点。2. 以机车车轮作为工程案例，分析克服死点的方法，同时以中国速度作为课程思政点融入案例。3. 以 C919 大飞机作为工程案例，分析飞机起落架的机械结构以及该机构是如何利用死点的。	1. 结合教师要求，自主探索机械结构中的原理，分析其死点。2. 找出问题解决的关键点，参与案例分析。3. 积极参与互动，走上讲台完成机械结构的受力分析以及死点分析，并能够说明如何克服死点或者应用死点。	1. 团队协作完成探究，提升学生的团队合作能力。2. 采用学习通抢答或者选人的形式，鼓励学生走上讲台进行讲解，在锻炼学生问题分析能力和语言表达能力的同时，增强其团队荣誉感。3. 课程思政融入案例，培养学生的爱国热情和家国情怀。
巩固提升 ↓ 检测反馈	分组讨论:宿舍中必备小桌子，动图展示小桌子的打开和关闭过程，讨论其中是否存在连杆机构及是否存在死点。	举一反三，引导学生思考，提高学生自主分析问题和解决问题的能力。	积极参与课堂，勤于动脑思考，通过生活实例将知识点进行巩固并自我检测。	进一步巩固对连杆机构的分析以及对死点的理解，能够达到举一反三、学用相长。
拓展延伸	动图给出钻孔夹具的工作过程,试分析其机械结构,给出其工作原理,并分析其是否存在死点。同时发掘其他生活和工程实例，分析是否存在死点。	提出讨论内容，要求对钻孔夹具的死点问题进行分析。	将所学理论用于实际案例中，自主分析问题和解决问题。	运用工程实例，提升难度，将所学内容进行拓展延伸，更深层次地理解和应用死点的原理。

（二）课堂实施				
教学环节	教学内容	师生活动		设计意图
		教师	学生	
课堂小结	知识总结： 1. 铰链四杆机构的压力角和传动角。 2. 产生死点的原因以及位置。 3. 如何克服或者应用死点。	做好课程内容的总结。	梳理课程内容，做好知识的总结和归纳。	梳理和总结课程内容，把握课程重难点。

（三）课后深化				
教学环节	课后任务	师生活动		设计意图
		教师	学生	
课后提升	1. 完成推荐阅读内容以及课后作业。 2. 发掘生活和工程实例中存在的连杆机构，分析其是否存在死点，进而巩固死点的概念理解以及应用。	1. 通过学习通发布阅读推荐以及作业并进行批改。 2. 发布任务，激发学生的学习热情。	1. 完成阅读，加深对知识的理解和把握，并提交作业。 2. 勤于观察、搜集资料。	1. 巩固所学内容，形成完整的知识体系，并能够得到具体应用。 2. 举一反三、学用相长、发现问题、解决问题。
个人总结	1. 完善课程内容笔记，对课堂进行实时总结，包括对于学生个人而言的重难点。 2. 对个人课上掌握情况进行分析和总结，用于在之后的课程中取长补短，更高效地把握课堂。	引导和鼓励学生对课程进行总结和思考。	1. 完善课程内容笔记，查漏补缺，归纳重难点。 2. 做好对课堂的个人分析和总结。	1. 回顾总结课程内容，加深对重难点的把握。 2. 课程反思、总结经验，更好地用于之后的课堂学习中，提升课堂效率。

教学总结

> 1. 教学方法。
> 采用信息化的手段,实现课程线上、线下相结合,打破传统课堂的时间和空间限制,培养学生自主学习的独立性,提升学生的学习内驱力。
> 2. 教学过程。
> 将教学过程进行分段,各个阶段有效衔接,授课过程以教师为主导,以学生为主体,利用信息化方法促进课堂的高效互动。采用案例式导入和分析,并巧妙融入课程思政点,在塑造踏实严谨、一丝不苟优秀品质的同时,增强学生的民族自豪感。
> 3. 课程考核。
> 从课前自主学习、课中互动课堂、课后深化提升三个方面对学生进行过程性考核,有助于形成完整的知识体系,培养科学的学习方法。注重课程考核内容与实际的联系,为学生增加感性认识的同时,能够达到学以致用的效果。

教学设计感悟

本次课以教师为主导,以学生为主体,针对课前探究、课堂实施和课后深化三个阶段,运用现代化的教学手段,提升学生学习内驱力,活跃课堂气氛,激发学生的学习兴趣,形成良好的学习动机。

在课前探究环节,自建课程含有不断完善的学习内容,使学生可以便捷获取学习资源,为学生的自主学习、协作探究打下基础。同时,课前采用信息化的手段,打破了传统课堂的空间和时间限制,将课堂进行有效延伸,提升学生主动学习知识的能力。

课堂实施过程按照新课导入、探索新知、巩固提升、检测反馈、拓展延伸、课堂小结分阶段展开,运用生活和工程案例作为分析点,使学生对复杂难懂的理论知识拥有感性的认识。课中采用信息化手段,塑造高效互动的课堂,锻炼学生勤于思考、快速反应、主动探究、举一反三、勇于创新的能力。同时,在案例中巧妙融入课程思政点,在塑造踏实严谨、一丝不苟的优秀品质的同时,增强民族自豪感,培养工匠精神和家国情怀,达到"春风化雨、润物无声"的效果。

课后设计笔记整理、作业以及相关讨论等,有助于形成完整的知识体系,引导学生对课程进行有效总结,进行课程反思、总结经验,更好地应用于之后的课程学习中,充分发挥学生的主观能动性,发掘学习潜能,培养科学的课堂学习方法,形成高效率的课堂。

▶ 教师简介

孙海燕,青岛黄海学院智能制造学院教师,讲师。主要从事机械原理、三维数字化设计等课程教学,主持和参与校级在线开放课程2门,主持并参与多个校级课题及市厅级课题,发表论文及专利近10篇(项)。指导国创项目、大学生成图大赛以及全国三维数字化设计大赛等获省级奖励10余项。参加青岛黄海学院青年教师讲课比赛获二等奖2次,并获"教学能手"称号。

风荷载教学设计

专题一:水平荷载及结构计算简化原则

📖 教学内容

知识目标	1. 明确说出风荷载在高层建筑结构设计中的重要地位。 2. 能够熟练记忆风荷载的计算公式并利用公式解出相应习题。 3. 理解总体风荷载的计算。
能力目标	1. 能够培养学生以小见大、善于观察周围环境的工作能力。 2. 能够培养学生利用所学知识解决工程实际问题的能力。 3. 能够培养学生知识总结归纳和团结合作的能力。
素养目标	通过探究风荷载对高层建筑的作用,使学生能够理解建筑结构设计,充分明白准确的计算和设计对建筑安全的重要性,最终能够培养起学生对于整个建筑行业的责任感。
教学内容	1. 风荷载的基本概念,影响风荷载的因素。 2. 单位面积风荷载标准值的计算:理解并掌握计算公式中几个重要参数,包括参数的定义、参数的计算方法和参数的取值。

板书设计 / 思维导图

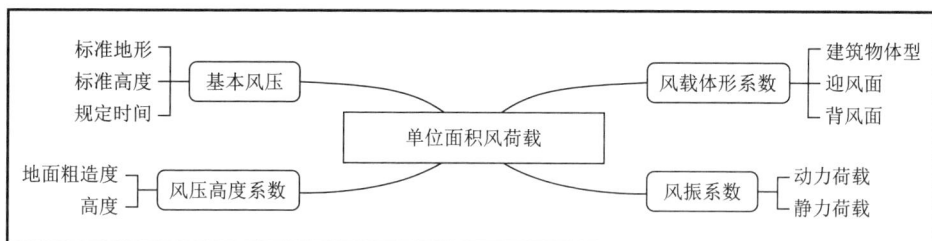

```
标准地形                                                                建筑物体型
标准高度 ── 基本风压 ───────────────── 风载体形系数 ── 迎风面
规定时间                                                                背风面
                        单位面积风荷载
地面粗造度 ── 风压高度系数 ──────────── 风振系数 ── 动力荷载
高度                                                              静力荷载
```

教学分析

教学重点	重点	单位面积风荷载的计算公式；单位面积风荷载计算公式中的参数确定。
	对策	1. 学习通提前发布预习任务，课前发布问卷调查，摸清学生对于该计算公式以及参数计算存在的问题。 2. 课堂上采用学习通发布影响风荷载的因素，生成词云，从中找出关键词来分析。
教学难点	难点	单位面积风荷载计算中每个参数的计算和选择。
	对策	1. 通过教师讲解、举例、图片展示等，使学生理解本节课的知识点。 2. 通过一个简单的习题练习，让学生在动手的过程中熟悉和掌握这些参数。

学情分析

优势	1. 学生已经具备较为充足的结构方面的专业知识，这为本节课的学习打下了基础，进而能够做到触类旁通。 2. 本节课的主题是高层建筑结构设计中风荷载的计算。风是学生日常可以感受到的元素，高层建筑也很常见，也是学生熟悉的元素，将两个熟悉的元素结合起来，学生理解相对比较简单。
不足	1. 本节课有部分新知识与以前学过的力学课程相关，学生普遍反映力学课程比较难，尤其是与流体力学相关的部分，所以学生可能在看到新知识与流体力学课程相关的时候会产生惧怕心理。 2. 学生的知识总结能力和知识迁移能力稍显不足。本节课的授课形式中包括让学生根据教师提出的影响要素进行公式的总结，总结过程较长。另外，直接理解动力荷载简化成静力荷载也有点难度。

教学思想

设计思想一	通过实际情景模拟带入课堂内容，以提问的方法吸引学生的注意力。重点内容重点讲解，针对本节课提出来的风荷载的计算中涉及的参数，以讨论的形式提炼出来，提高学生对知识的归纳总结的能力。
设计思想二	选择的案例要尽可能地贴近现实，且被学生熟知。充分利用超星平台的各种资源，让学生积极地参与到课堂中，成为课堂的主体。
设计思想三	讲练结合，在教师的引导下，学生可以充分掌握单位面积风荷载的计算（包括各种参数的选择），教师给出一个课堂随测，学生当堂给出思路（时间不允许的话可不进行计算，课下完成）；知识拓展，学生自己完成单位面积风荷载计算到总体风荷载计算的总结学习，在学习通提交学习报告。

教学模式及手段

教学模式	问题导向—案例展示—3 分钟对分课堂—公式总结—随堂练习—小结。
教学手段	1. 利用 3 分钟对分课堂的教学环节，引导学生理解影响风荷载的基本要素，通过基本要素分析总结得到荷载计算公式中的重要参数。 2. 在课堂中，情景式带入引出问题，简短视频播放加深学生的理解。 3. 随堂练习给出解题思路，从做中学，让学生在思考的过程中进一步理解并掌握本节课的重点。 4. 通过作业发布的形式培养学生对知识的归纳总结以及迁移的能力，在课下以小组的形式进行讨论，讨论的主题为如何将单位面积风荷载变成高层建筑结构设计中的总体风荷载，结论以报告的形式在超星平台上传并进行小组互评。

教学过程设计

教学环节	教师步骤及师生活动	教学内容	设计意图
课堂导入	用古诗引入课堂，提出高层建筑发展过程中遇到的问题	"危楼高百尺，手可摘星辰。不敢高声语，恐惊天上人。"与古人相比，我们现在站的高度是足够的。（科技的发展、技术的进步、人们不断地努力）	用中国古典诗词引入，提高学生的兴趣。同时可以让学生明白土木人的责任就是让生活变得更好。

教学环节	教师步骤及师生活动	教学内容	设计意图
	简单回顾和提问：作用在高层建筑上的荷载类型（重点提醒大家将高层建筑模拟成一根矗立在地面上的悬臂梁）	作用荷载为：竖向荷载、水平荷载（在这里需要提醒学生，对于高层建筑来说，对水平荷载的计算要更为重视，因为关乎建筑的安全以及人民财产的安全）。	回顾上节课的内容，引出本节课讲授的课程知识点：风荷载。
课堂教学环节1：风对高层建筑产生的不利影响	案例展示"深圳福田赛格大厦发生摇晃"	1. 案例详述。 2. 谁晃动了大厦？ 3. 专家意见，从中提取出是风导致了大厦晃动的结论。	通过典型的图片和视频，学生可以直接看到风对于建筑物的破坏，所以要实现人们"安居乐业"的美好愿望，土木人必须要对建筑中的每个部分都做到准确严谨地设计。
课堂教学环节2：风荷载的定义	教师讲解：风是怎么变成风荷载的	风荷载：又名风压，是指风在建筑物表面产生的压力或者吸力。从中提取到关键性信息： （1）建筑物表面； （2）压力或者吸力。 如果用作用来体现的话，就是风对建筑物表面的作用。	提炼关键词。
课堂教学环节3：风荷载的计算方法	师生活动：教师引导学生思考影响风力大小的因素，从中提取关键词	对分课堂： 教师口述影响风力大小的因素。 给学生1分钟的时间思考，然后将思考结果上传到超星的讨论平台，学生答案在超星平台上形成词云，接下来可以根据词云提取关键词。	采用定量分析法给出一个定量，改变定量中要素，学生思考怎么变化。

续表

教学环节	教师步骤及师生活动	教学内容	设计意图
	教师讲解:根据提取到的关键词提炼出风荷载计算公式中的主要参数	关键词设想:地点(位置)、高度、建筑物的外形、时间(这个需要注意一下)。通过共同讨论及教师总结得出结论。关键词——参数(风压高度系数、风载体形系数、风振系数)	预设答案:用系数进行调整。
	教师讲解:基本风压	在基本风压的统计过程中,可以用风速进行转换,先利用风速仪统计出基本风速,然后通过基本风速把基本风压计算出来。值得注意的是这里会用到流体力学的知识,提醒学生新旧知识的结合。	
课堂教学环节4:风荷载计算中的参数选取	教师讲解:单位面积风荷载计算中的主要参数	风压高度系数: (1)地点(位置):地面粗糙度; (2)高度:学生学会从表格中找到合适的高度系数(插值法)。	根据板书的思维导图推导总结出风荷载计算公式——$W_k=\beta_z\mu_z\mu_sw_0$。
		风载体形系数: 情景模拟:刮大风的时候,学生会选择哪个地方避风。 预设答案:吹不到风的地方。进一步引导学生找到建筑物的背风面。 迎风面:风压力　背风面:风吸力	
		风振系数: 采用影片的形式引导学生快速明白风荷载的动力效应——塔科马大桥。	
课堂教学环节5:随堂练习	具体计算实例教师提问→学生回答	一高层钢筋混凝土结构,平面形状为正四边形,边长 20 m。房屋共 20 层,底层层高为 5 m。所在地区的基本风压 $w_0=0.7$ kN/m^2。地面粗糙度为 C 类。风振系数 $\beta_z=1.06$,计算底层单位面积的风荷载标准值。	随机选人,学生回答。

教学环节	教师步骤及师生活动	教学内容	设计意图
		以上题目参考答案如下： 1. 确定基本风压： $w_0=0.7\text{kN/m}^2$。 2. 确定风压高度系数： 因为地面粗糙度为 C 类，高度为 5 m。查表得 $u_z=0.74$。 3. 确定风载体型系数。 4. 确定风振系数。 5. 计算风荷载。	
预习任务	第二讲　总风荷载的计算	任务点：如何把单位面积上的风荷载扩大到高层建筑上的总体风荷载。	课前预习任务。
知识总结与深度学习	教师总结	教师总结： 把板书的内容串联起来，总结本节课的重难点知识。	教学小结串联知识点，强化记忆，有助于学生对本节主要教学内容和知识结构的梳理和总结。
课后作业	课后思考	1. 将发布的预习任务整理成报告，发布到学习通。 2. 完成超星学习通上的练习题。 3. 搜索高层建筑上风荷载设计的前沿文章，建议提出自己的论点。	完成课后作业，旨在发挥学生的创新能力。

教学设计感悟

从传统教案变成教学设计的改革过程中，我一直在思考这样的几个问题：什么是教学设计？我们想通过教学设计达到什么样的目的？或者说有了教学设计，师生之间能够达成一种什么样的教学模式？

我认为教学设计其实就是把教师的授课思路、教师对于课堂的控制能力完整地体现出来，这种体现最好能精确到分秒。45 分钟的课堂，教师要做到的是有效地输出，学生能够有效地接收教师传递的讯息。在做教学设计的时候，我设计了目标、学情分析、教学重难点、教学过程等环节,这样可以有效地保证整个教学有序地、完整地进行。每个环节的设计都要深思熟虑,比如教学重难点环节,做的时候要去自主地探究重点内容是什么,对于这部分重点内容应该采用什么样的方式让学生能够更好地吸收。教学的手段有很多种,像对分课堂、翻转课堂、小组合作等,这些手段和方法在知识点的讲授过程中要能起到合适的作用,要能够让师生之间达成有效的沟通。"不打无准备的仗",我觉得这句话同样适用于教学。

教学设计的各个环节可以帮助我们把思路理清,尤其是对于理工类的课程来说,可以更加准确地把授课逻辑表达出来。关于教学中的课程思政也要体现在教学设计中,具体表现在哪节课中哪个知识点需要做思政,如何去做思政。思政的设计不是随机的,虽然课堂上讲求自由,但是不能天马行空,不能想到哪里说到哪里。课程内容如此,课程思政的内容也是如此。我们需要在一个框架中开展自由的教学。

教学反思在教学设计中同样很重要,授课之前要在设计的过程中预设到可能出现的问题,并给出解决的方案。授课过程中积极地捕捉学生的困惑点或者设计中没有预设到的困难,课后根据这些问题和困难做进一步的反思,争取让课堂更加充实。

▶ **教师简介**

崔贵玲,青岛黄海学院建筑工程学院专任教师。2016 年入职,已从教 6 年有余。承担本专科工程组织施工与管理、土木工程材料、建筑材料、高层建筑结构、高层建筑施工等多门课程的授课任务。在任教期间多次参加校级讲课比赛,先后获得"教学能手""教学标兵"称号。主持校级科研课题 2 项、市级科研项目 1 项。

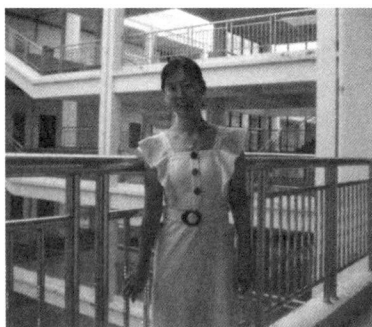

工程项目管理基础知识教学设计

教学目标

知识目标	1. 掌握项目的含义及特征。 2. 掌握工程项目管理的含义及内容。
能力目标	1. 具备判断一项工作是不是项目的能力。 2. 能够掌握项目管理的工作内容并能落到岗位实处。
素养目标	培养严谨认真的职业素养,科学务实的创新精神和高度社会责任感、使命感,让学生树立爱国爱岗情怀和安全意识、质量意识、时间意识。
教学内容	1. 项目的含义及特征。 (1)项目的含义; (2)项目的特征。 2. 工程项目管理含义及内容。 (1)工程项目管理含义; (2)工程项目管理内容职责。 3. 知识归纳与总结:项目的含义、特征—工程项目管理的含义及内容—形成对工程项目管理环境认识的整体思路。

课程资源

1. 工程项目管理在线开放课程。 超星:https://www.xueyinonline.com/detail/227313196 2. 徐霞,《工程项目管理》,清华大学出版社。 3. 丁士昭,《工程项目管理》,高等教育出版社。

教学分析

教学重点	重点	工程项目管理的定义、内容。
	对策	1. 通过图文结合的方式对项目进行讲解。 2. 通过情景模拟,将实际工程案例背景和工地现场图片相结合,将理论知识与工程实践结合起来,缩短理论与工程实践的距离,对项目管理内容、项目经理职责进行深度讲解,使学生掌握项目管理的内外环境。 3. 通过课堂练习,查看学生对基本知识的掌握程度,查缺补漏。 4. 通过发起课堂小组讨论,对练习题目进行分析总结;通过布置课后作业来扩展知识的应用。
教学难点	难点	工程项目管理的内容、环境。
教学难点	对策	1. 通过翻转课堂、归纳总结,将实际工程的案例背景和实际现场图片相结合,将理论知识与工程实践结合起来详细分析相关知识点。 2. 每一部分讲明白,并用案例分析进行情景练习,使学生进一步巩固、运用。

学情分析

优势	1. 在学习本节课之前,教师通过超星平台向学生下发了预习作业并观看课程视频,学生已经对项目管理基础知识有了一定的认识。 2. 该部分内容主要是理解问题,绝大多数学生掌握较好。
不足	该部分定义特征较多,需要借助大量的实例给学生介绍相关知识。

教学思想

设计思想一	"以学校教学楼为例,提出问题——项目经理该怎么建设管理？—引出新课内容讲解—（什么是项目→项目如何管理,使学生自己总结出项目的特征以及如何管理等）。在此基础上进行深度学习,启发学生思考—课堂练习、小组讨论—小组评比—归纳总结",按照这一思路进行课程内容安排,一步一步引导学生自主地掌握相关知识,加入文化自信、社会责任、工匠精神和爱国情怀等思政元素,激发学生的学习兴趣和学习潜力。主题讨论注重中心词并逐步突破,师生同频互动,提高学生的自主研究能力。

设计思想二	递进式安排教学内容,讲解第一层的项目,学生能够理解运用后,引导学生自主思考学习第二层的项目管理内容和程序,学生通过案例情景模拟,讨论总结重点,从易到难,递进式地掌握应用。课程配合超星平台信息化手段的使用,融合多种资源,调动学生学习的积极性,课堂更加突出"以学生为中心"的思想,讲授做到"有趣、有用、有温度",发挥学生的学习主动性,自主学习并提出问题,教师协助引导学生解决问题,提高学生解决问题的能力。

教学模式及手段

教学模式	实例引入—问题提出—内容讲解—课堂练习—主题讨论—知识总结—课后作业。
教学手段	1. 以学校教学楼为例,提出问题——项目经理该怎样建设管理,使学生意识到项目管理的重要性,从项目切入,引导学生深刻意识到管理对整个项目产生的影响,植入"我国专业建设人员表现出的创新精神、拼搏精神及专业修养";引导学生对未来职业生涯的认识和思考。 2. 利用信息化(视频、图片、在线互动等)功能,增添课堂多样性,丰富课堂教学手段,通过"讲解—练习—讨论—解决"的流程发挥学生主导地位的作用,将重点和难点一一讲解到位。 3. 以项目管理内容为主线,以"文化自信、发展的思想"为隐线,讲解 + 练习 + 讨论强化知识的应用。

教学过程

教学环节	教学内容	教学步骤 师生活动	设计意图
课程导入	1. 以学校教学楼为例。 提出问题:项目经理该怎样建设管理? 知识延伸:科学的管理到底有多重要? 2. 本节教学目标。	情景引入: 以教学楼为例,提出问题:项目经理该怎样建设管理?	引导学生对项目管理有一个直观的认识,有助于学生带着问题去开展后续学习。让学生认识到科学管理的重要性,激发学生求知欲和学习兴趣。

续表

教学环节	教学内容	教学步骤 师生活动	设计意图
			解读科学管理到底有多重要,强调本课程的重要性。让学生带着目标,有方向地学习。
阐述教学内容	教学内容: 1. 项目的含义及特征。 2. 工程项目管理的含义、内容。	教师阐述教学内容。	阐明主要学习内容、重点、难点,可使学生学习思路清晰。
教学环节1. 项目概念的引入	1. 项目的含义。 项目是指在一定的约束条件下(主要是限定资源、限定时间),具有特定目标的一次性任务。 项目包括许多内容,可以是建设一项工程,如建造教学楼、一座医院、一座电站;也可以是完成某项科研课题,或研制一项设备,甚至写一篇论文。这些都是一个项目,都有一定的时间、质量要求,也都是一次性的任务。 项目的特征: (1)项目实施的一次性; (2)项目有明确的目标; (3)项目作为管理对象的整体性; (4)项目与环境之间的相互制约性。	教师提问:知道项目是什么吗?教学楼是一个项目吗?学生回答。 通过图文并茂的方式对项目进行讲解;认真学习每一个定义和特征,加深记忆。 思考:怎么判断一项任务是不是一个项目?	抛出问题,引导学生思考讨论,激发学生兴趣。学生表达能力提高,职业素养提高。 问题导向,进一步引出项目特征。由易到难,让学生循序渐进地接受知识。
教学环节2. 工程项目管理的定义内容(重点)	1. 工程项目管理的含义。 工程项目管理是指项目管理者按照客观规律要求,在有限的资源条件下,运用系统的观点、理论和方法,对项目涉及的全部工作进行(有计划、有组织、有协调的)管理。 三大基本目标:质量、成本、进度。	抛出问题: 有项目就会有管理,思考什么是项目管理?	通过问题导入引出工程项目管理知识点。通过问题导向,由易到难,循序渐进。

教学环节	教学内容	教学步骤 师生活动	设计意图
	2. 工程项目管理具体内容是什么？ （1）进度控制是指采用科学的方法确定进度目标，编制进度计划和资源供应计划，进行进度控制，在与质量、费用目标协调的基础上，实现工期目标。项目进度管理的主要目标是要在规定的时间内，制订出合理、经济的进度计划，然后在该计划的执行过程中，检查实际进度与计划进度是否一致，保证项目按时完成。 引入： 火神山医院、雷神山医院建设案例 我们的火神山医院用了10天完成、雷神山医院用了18天完成，都需要进行进度控制，在极为有限的时间里仅用10天便完成了项目，被称为"中国第一速度"。 案例说明了项目进度控制应用的重要性，我们可以看到这个"中国第一速度"背后，我们建筑行业力量非常强大，可以感受到我国工程建设领域飞速发展所展现的魅力和自信，包括项目建设者不畏艰难默默奉献和辛勤付出所表现的专业素养和专业技能，以及那种至真、至善、积极向上的世界观、人生观和价值观。 我们也要向他们学习。我们要按照工期或者规定时间完成任务，要有全局观、严谨的时间观念和认真的工作态度。	小组活动： 小组讨论火神山医院正常进度需要2年完成，那么它是如何在如此短时间内建成的呢？其中做了哪些创新？背后体现建设者什么样的精神？培养学生自主探究的能力。 小组讨论成果汇报。 教师带领学生展开讨论并做总结，答疑解惑。延伸解读新闻报道火神山医院建成。 小组讨论： 发生质量事故会产生什么后果？ 教师总结： 通过图文结合和案例的方式讲解。	火神山医院仅用10天完成，被称为"中国第一速度"。树立学生民族自豪感。 让学生感悟项目进度的重要性，使学生看到"中国第一速度"背后建筑行业力量的强大，感受我国工程建设领域飞速发展所展现的魅力和自信（思政）。 汇报可以锻炼学生口头表达能力、逻辑思维能力，激发学习兴趣。 植入思政：引导学生看到建设者不畏艰难、吃苦耐劳、从容面对困难的专业素养，让学生树立高度社会责任感和投身祖国建设的使命感（思政）。

教学环节	教学内容	教学步骤师生活动	设计意图
	（2）质量控制是为了通过监视质量形成过程,消除质量上所有阶段引起不合格或不满意效果的因素,以达到质量要求,获取经济效益而采取的技术措施和管理措施。图片展示因为质量不合格而造成的安全事故。 某年3月,青海西宁市家豪广场4号楼发生坍塌事故,造成8人死亡。 （3）合同管理是指对当事人的合同依法进行订立、履行、变更、解除、转让、终止以及审查、监督、控制管理等一系列行为的活动。合同管理是全过程的、系统性的、动态性的。（图片展示平时要管理的部分合同样例） 合同管理要求具有脚踏实地的工作作风和诚信精神,让学生意识到要提升自己的法律意识,培养自己的职业道德和职业精神。 （4）安全管理:作业人员护品用具穿戴齐全,施工要符合安全操作规程。有严密的施工组织和施工安全责任人。 （5）信息管理是指在整个管理过程中,人们收集、加工和输入、输出的信息的总称。信息管理的过程包括信息收集、信息传输、信息加工和信息储存。 （6）成本控制:成本控制是根据一定时期预先建立的成本管理目标,在成本控制过程中,对各种影响成本的因素和条件采取的一系列预防和调节措施,以保证成本管理目标实现的管理行为。	通过展示质量事故图片加讲解,引导学生树立严谨的工作作风,加强安全生产意识。	问题导向激发学生兴趣,培养学生在教师引导下自主探究的能力。学生口头表达能力提高,职业素养提高。 通过质量事故的图片展示结合案例讲解和小组讨论,让学生树立安全意识、质量意识,增强社会责任感(思政)。 通过合同管理植入脚踏实地的工作作风和诚信精神,提升学生法律意识,培养学生的职业道德和职业精神。（思政）

教学环节	教学内容	教学步骤 师生活动	设计意图
	(7)与施工有关的组织和协调：施工单位组织协调、施工进度的协调、施工现场和交叉作业协调管理。 小结：工程项目管理的7个内容我们可以总结为一句话——三控三管一协调。三控就是质量控制、成本控制和进度控制，三管是安全管理、合同管理、信息管理，一协调是组织协调。	小组活动：小组内部讨论，总结项目管理内容，汇报讲解（翻转）。	小组活动增强学生团队合作意识。通过翻转课堂，让学生对知识的理解更加深刻。
知识总结与深度学习	教师总结： (1)项目的含义及特征； (2)工程项目管理的含义、内容。	教师总结，加深巩固。	教学小结串联知识点，强化记忆，有助于学生对本节主要教学内容和知识结构的梳理和总结。
课后作业	1.课后练习。 2.技能实训：综合运用所学知识分析，假如你是项目经理，你怎样带领自己团队去做项目？ 3.思考践行题：工程项目管理的基本目标是什么？在生活中你的目标是什么？有没有为了达到某个目标付出不亚于任何人的努力？请写出来分享一下吧。		练习和技能实训可以用到本节课讲到的所有知识点，帮助学生课下复习巩固，练习学生的逻辑思维能力和表达能力，提高其专业水平，培养其自主学习能力。
预习任务	思考预习 1.管理的程序有哪些？ 2.什么是工程项目管理组织机构？ 3.怎样进行团队能力建设？		通过设置这样一个预习环节，引发学生进行后续的思考，保证学习的连贯性，提升学习内驱力，使学生的学习渐入佳境。

教学评价

本次课的内容是工程项目管理的基础,课程开始用实际教学楼情景引入问题,激发学生学习兴趣。以"工程项目管理基础内容"为主线,以"文化自信、发展的思想、科学的管理"为隐线,以"讲解＋练习＋讨论"的方式强化知识的应用。全程采用问题引领的方式导出所有知识点,结合实际工程的案例背景和工地现场图片,将理论知识与工程实践结合起来,引导学生参与课堂,让学生做课堂的主体。上课过程中穿插翻转课堂、提问、小组讨论、汇报等环节,做到了学用结合、理论和实践的统一,培养了学生分析问题、解决问题的能力,增强了学生的获得感、成就感和参与的热情。

教学设计感悟

一堂好课就像一个情节动人的故事,让人有峰回路转的感觉,让人有豁然开朗的心境,而一堂好课需要一个好的教学设计支撑,教学设计是根据教学对象和教学目标,确定合适的教学起点与终点,将教学诸要素有序、优化地安排,形成教学方案的过程。它以教学效果最优化为目的,以解决教学问题为宗旨。

本节课开始用实际教学楼情景引入问题,激发学生学习兴趣。以项目管理基础内容为主线,以"文化自信、发展的思想、科学的管理"为隐线,以"讲解＋练习＋讨论"的方式强化知识的应用。全程采用问题引领的方式导出所有知识点,结合实际工程的案例背景和现场图片,将理论知识与工程实践结合起来,引导学生参与课堂,学生是课堂的主体。上课过程中穿插翻转课堂、提问、小组讨论、汇报等环节,做到了学用结合、理论和实践的统一,培养了学生分析问题、解决问题的能力,增强了学生的获得感、成就感和参与的热情。

本教学设计的教学思路为"以学校教学楼为例,提出问题——项目经理该怎样建设管理?—引出新课内容讲解—(什么是项目→项目如何管理,使学生自己总结出项目的特征以及如何管理等)。在此基础上进行深度学习,启发学生思考—课堂讲解练习、小组讨论—小组汇报—归纳总结",按照这一思路进行课程内容安排,一步一步引导学生自主地掌握相关知识,加入文化自信、社会责任、工匠精神、创新精神和爱国情怀等思政元素,激发学生学习兴趣和学习潜力。主题讨论注重中心词并逐步突破,师生同频互动,配合超星平台信息化手段的使用,融合多种信息资源,调动学生积极性,课堂更加突出"以学生为中心"，讲授做到"有趣、有用、有温度"，提高学生自主学习、自主研究解决问题的能力。

特色是创新"知识点、精品工程、社会热点、升华点"思政教学模式，从"知识传授"到"价值引领"，人文科学精神、自主学习发展和社会责任担当等方面贯穿教学全过程。结合我校"知行合一、惟德惟能、止于至善"的校训校风，将立德树人融入课程教学，完成工程类应用研究型人才的培养目标。

▶ **教师简介**

张颖超，副教授，主持横向课题多项，主持并参与多项国家级、省级、校级课题，包括省级优势特色专业建设、省级一流本科专业建设，主持校级共享共建课程一流课程在线开放课程建设、项目管理教学改革试点课程项目、课程思政培育项目；发表核心期刊、EI论文多篇，主编或参编教材多部；具有建造师证、造价师证、工程师证等资格证书；指导学生参加国家科技创新项目、省级科技文化节专业大赛、全国 BIM 相关的技能大赛，取得优秀成绩；多次荣获"优秀教师""优秀指导教师"称号；任教期间主要从事建筑管理类专业相关课程的教授工作，主讲课程有工程项目管理、建筑 CAD、土木工程施工、建筑制图与识图、建设法规。

"人民教育家"陶行知的学前教育思想教学设计

教学内容

主题	任务二"人民教育家"陶行知的学前教育思想	所属专题	专题三中国近现代的学前教育思想
授课学时	1 学时	授课对象	学前教育本科
教学内容	本次教学内容为专题三"近现代学前教育思想"的任务二"人民教育家"陶行知的学前教育思想,教学内容如下。 1. 陶行知的生平。 2. 陶行知的生活教育理论。 3. 论学前教育。 4. 幼稚师范教育。		

学情分析

知识与技能	该班学生为学前教育本科专业学生,已具备基本的教育学、心理学知识基础。前期已基本掌握中国近现代的学前教育发展脉络和历史背景。课前完成任务一和任务二的准备阶段,可见大多数学生关注陶行知的生活教育理论和历史影响力,但对于其教育实践和学前教育观点关注较少。
认知与实践	该班学生基本能够按时完成讨论和分组任务,有 2 个小组能够结合宏观教育政策,如乡村教育、师范教育、特殊教育,对于材料的梳理和分析能力还有待提升。

教学目标

素质目标	1. 树立科学的教育观、教师观、儿童观，提高幼儿教师的职业认同感和教育公平认识。 2. 通过小组讨论、案例分析形成团队合作精神、反思习惯和学前教育社会服务意识。
知识目标	1. 理解陶行知所处的时代背景及其教育理论发展脉络。 2. 掌握陶行知的生活教育理论和学前教育理论的内涵、实践。
能力目标	1. 能够结合我国学前教育的发展，分析挖掘陶行知教育思想价值。 2. 根据陶行知学前教育思想要点，结合社会热点学以致用，对学前教育领域活动进行调查研究、有效诊断，提出改进思路。

教学分析

教学重点	掌握陶行知的生活教育理论和学前教育理论的内涵、实践。
教学难点	分析挖掘陶行知教育思想价值，结合社会热点学以致用，对学前教育领域活动进行调查研究、有效诊断，提出改进思路。
教学方法	问答法、讨论法、案例分析法、自主探究法、调查研究法等。

教学资源

在线课程	《中国教育史》
视频资源	《大师陶行知》
网页网址	《人民教育家》 教育部、学习强国网站
学习通	学习通平台的讨论、小组学习等功能资源
著 作	《陶行知的一生》《陶行知的职业教育》
文 献	示例：[1] 李珂，蔡元帅. 陶行知劳动教育思想对新时代加强大学生劳动教育的启示[J]. 思想教育研究，2019（01）：107-110.

教学过程

环节	教学内容	教师活动	学生活动	教学资源
课前预习反馈	1. 梳理：陶行知生平。视频《大师陶行知》。2. 文献阅读。陶行知相关知网文献资料、著作、网页资料。3. 参与主题讨论。浅析陶行知的教育理论与实践，"我眼中的人民教育家——陶行知"。4. 分组任务。每组搜集与陶行知学前教育思想相关的教育热点1个并浅析，课前剖析，课中学习时升华交流。	1. 制作资源。推荐陶行知相关知网文献资料、著作，教育热点，上传至学习通。2. 发布任务单及要求。（1）学习通章节资源任务点。（2）学习通"讨论"功能，发布主题讨论"我眼中的人民教育家——陶行知"。（3）建立分组任务。3. 了解学情。利用学习通后台统计功能，了解学生自学情况。根据学习通"讨论中"的学生发帖，进行整理分析总结，及时调整教学内容和策略。	1. 自主学习。阅读梳理陶行知相关的文献、著作，完成学习通章节任务点。2. 完成任务。参与主题讨论，"我眼中的人民教育家——陶行知"。3. 交流讨论。（1）对于其他同学的发帖积极回复交流和点赞。（2）建立分组分工，搜集相关教育热点，初步剖析。	著作、文献、视频等资源。以链接、任务点的形式呈现在章节处。生成学习通讨论任务、分组任务。
预期效果	1. 通过搜集、梳理相关资料，初步形成对陶行知所处社会背景、生平事迹和主要教育理论的基本认识，营造氛围。2. 参与课前讨论任务，提高自主学习能力和探究能力。			
课中导入约5分钟	1. 引出人物。呈现社会各界对陶行知的赞誉。2. 引入主题讨论结果。"我眼中的人民教育家——陶行知"。	1. 讲解规则。使用"抢答"功能选取1～2名学生汇报自己的观点，其他学生可追加自己的观点。2. 组织汇报与小结。使用学习通投屏功能和词云呈现学生关注点和兴趣点，展示学生的讨论，使用"抢答"功能选取学生主动汇报自己的想法。	1. 参与抢答。理解规则，使用学习通参与抢答。2. 汇报观点。抢到的学生，结合自己的想法和已有回帖进一步表述自己的观点，发表困惑。	① 工具：学习通抢答、讨论。② 名言：社会各界对陶行知的称誉，陶行知名言。

环节	教学内容	教师活动	学生活动	教学资源
	3. 汇报与小结。 理清时间线,梳理陶行知的生平、教育理论、教育实践,如"平民教育运动、乡村教育运动"的由来。	3. 发布课中任务。 (1)一同学习分析陶行知的"生活教育理论"和学前教育理论与实践。 (2)分组评析陶行知的学前教育思想,结合教育热点话题进行探讨。	3. 发表不同观点。 其他学生可追加自己的观点,发表自己的困惑。	③图片:晓庄学院、燕子矶幼稚园、育才学校。
预期 效果	1. 感受陶行知捧着一颗心来,不带半根草去,为了苦孩,敢当骆驼的人民教育家精神。 2. 能够自信地表述自己的观点,理性对待他人的观点。 3. 对陶行知的教育理论发展和实践历程有清晰的认识,能带着问题或困惑学习接下来的内容。			
课中 展开 约30 分钟	1. 生活教育理论。 (1)生活教育理论的发生发展阶段。 (2)生活教育理论的内涵,生活即教育,社会即学校,教学做合一。 2. 论学前教育。 (1)学前教育的意义。 (2)学前教育的服务方向。 (3)创造的儿童教育。 3. 幼稚师范教育。 (1)艺友制的内涵与价值。 (2)艺友制的实施步骤。	1. 引导分析。 (1)引导学生感受"生活教育"并非空谈空想,而是在实践中产生的。 (2)对比杜威的教育本质观点,结合陶行知的著作内容,分析生活教育理论的内涵和具有民族性的新民主教育的价值意义。 2. 结合案例组织交流。 (1)引导学生阐述学前教育的意义。 (2)交流当时学前教育的"病症"和"解药"。案例分析"这种病是否还在?" (3)培养有创造力的儿童需要有创新能力的教师。 (4)艺友制对教育实习价值的启示。	1. 分析表达。 表述杜威的教育本质观点,结合陶行知的著作内容,分析生活教育理论的内涵和价值。 2. 分析案例交流发言。 结合陶行知的学前教育观点,分析教师提供的案例,开阔实践视野,具备理论联系的意识和能力。	①图、语录、事迹:陶行知教育实践图片。 ②图、文件:发掘社会幼教资源;"扩建豪华公办幼儿园""热爱教育的定力,淡泊名利的坚守";教师平等对待儿童是教育公平的微观体现。

151

续表

环节	教学内容	教师活动	学生活动	教学资源
		3. 师生小结。 总结归纳陶行知的主要学前教育理论与实践。	3. 总结归纳。 总结归纳陶行知的主要学前教育理论与实践。	③图、文件："家长焦虑事件""教师创造力体现"、解放儿童主体地位、解放家长降低焦虑、解放教师创造力。
预期效果	1. 感受理论不是一朝一夕形成的空谈，生活教育理论是建立在唯物主义认识论的基础之上，以"在中国教育里摸黑路"的精神，在艰苦地探寻适合民族特点的教育思想的过程中形成的。 2. 理解生活教育理论的实质与启示：①体现了新民主主义教育的特色；②民族性；③服务中华广大劳苦大众，解放儿童；④科学，尊重客观真理。 3. 教师应提高自己的终身学习与创新能力，向幼儿学习，丰富理论与实践，并从微观上做到平等对待幼儿和家长，促进教育公平落地落实。			
课中评析总结约10分钟	1. 评析陶行知的学前教育思想。 可围绕以下几个层面： （1）生活教育理论。 （2）创造的儿童教育。 （3）幼稚师范教育。 2. 鉴古观今，古为今用。 结合教育热点分析陶行知学前教育思想的现实意义与启示。	1. 组织小组讨论。 指导学生使用学习通的小组讨论功能，组织学生发布小组讨论。 2. 阐明汇报要点，呈现评分指标。 （1）观点客观，言之有理。 （2）对陶行知学前教育思想理解深刻。 （3）搜集的教育热点与本节课内容相关程度高。 （4）能够合作交流。 3. 小组评分。 结合评价要点完成分项评分。	1. 小组讨论。 结合课前储备和课上学习，根据要点开展讨论分析，提交于小组任务中。 2. 小组汇报。 小组代表围绕汇报要点阐述小组讨论内容，组间交流分析。	①工具：学习通PBL小组学习。 ②学生所搜集案例与生成的观点。 ③视频图片：于漪、卫兴华、高铭暄获得"人民教育家"国家荣誉称号的事迹，耄耋之年，依旧坚守奉献。

环节	教学内容	教师活动	学生活动	教学资源
	4. 小结。 总结归纳陶行知的主要学前教育理论与实践，当今“人民教育家”精神的延续。		3. 小组评分。 结合评价要点完成分项评分。	
预期效果	1. 通过参与讨论分析，使用高阶思维。 2. 对教育家思想进行客观评价分析，充分理解教育家思想，进一步感受陶行知的骆驼精神和教育者的使命与责任，人民教师为人民。 3. 古为今用，结合陶行知的学前教育思想，分析教育热点话题，理论联系实际，关心社会时事。 4. 提高信息搜索能力与团队合作能力。			
课后实践提升	项目成果产出： （1）负责该项目的小组，可以以绘画、诗歌、音视频等形式呈现陶行知的教育思想及其对当今学前教育的启示。 （2）选择其中一个感兴趣的要点，以调查问卷或访谈等形式调研。	成果审核： （1）对学生的项目成果进行审核，发布至学习通、微信公众号平台。 （2）平台维护。	产出成果： 成果设计。 实践调研。 平台维护。 反思优化。 项目报告。	① 公众平台（微信公众号、学习通）。 ② 实践基地、幼儿园合作资源。
	任务三项目成果产出。 负责该专题三“中国近现代学前教育思想”项目的小组 （1）可以以绘画、诗歌、音视频等形式呈现陶行知的教育思想及其对当今学前教育的启示。 （2）选择其中一个感兴趣的要点，以调查问卷或访谈等形式调研。 （3）项目要求见学习通任务单。			
预期效果	1. 梳理陶行知的学前教育思想，形成清晰、深刻的认识。 2. 能学以致用，反思优化成果设计，扩大陶行知教育思想的普及和社会服务功能。 3. 以问卷或访谈的形式开展社会实践调研，了解相关现状，并提高与幼教工作者、幼儿家长合作交流的能力。			

教学评价和反思

教学评价	任务一参与学习通主题讨论"我眼中的人民教育家陶行知"。 （1）参考学习通章节 5.1 与 5.2.1 提供的文献、书籍、视频资源。 （2）围绕陶行知的事迹和主要理论观点，分点表述。 （3）学生之间相互查看帖子后，选取自己感兴趣的观点进行回复。 （4）课上前 3～5 分钟选取 1～2 名学生表述观点。 任务二结合陶行知的学前教育思想，搜集相关教育热点、政策文件，进行分析，提出观点和建议。分组分工，可分为 4 组。 评分细则： （1）论点清晰，论据属实。既能聚焦幼儿教育热点现状，又能呈现宏观政策指导，图文并茂。（30 分） （2）观点表述清楚，表达流畅，能提出相关观点建议。（30 分） （3）具备信息搜索能力与团队沟通合作能力。（20 分） （4）能理性看待其他组的观点，并积极反馈交流。（20 分） 评价方式：综合评价，根据以上分项打分，打分力求客观。
教学反思	1. 授课实效与不足。 （1）大部分学生能够基本掌握陶行知学前教育理论的主要内容，课前准备充足。 （2）在小组活动中，学生能够自信表达对教育热点的分析，但分析能力还需要进一步提升。组间互评较为真诚，但需要深度评价。 （3）同组成员过于依赖小组代表，参与度难以在讨论环节体现。 2. 改进设想。 （1）教师应多鼓励、启发学生对教育热点进行剖析，鼓励学生积极表现。 （2）明确小组分工情况，给予沉默型学生更多表现的机会。

教学设计感悟

一、课程分析

中外学前教育史是学前教育专业的专业基础必修课。本课程旨在引导学生了解古今中外学前教育的原则和方法、近现代学前教育发展的基本经验、各个历史阶段有重大影响的学前教育实践活动和理论主张，是一门理论性和应用性并重的课程。本课程起着贯通古今、融汇中外、以史为鉴、启迪思考的独特作用,其目的是增强学生的历史意识,培养学生的人文情怀,激发学生的民族自豪感和自信心,激发学生对中国和中国共产党的热爱,同时也树立学习西方先进教育理念为中国学前教育出一份力的信念;增强学生对本专业发展过程的认识,培养学生积极、良好的教师情感,使学生热爱学前教育这一专业,同时也培养他们热爱儿童、热爱教育的思想感情。

二、学情分析

教学设计人民教育家陶行知的学前教育思想,面向的学生是本科学前教育专业的学生,已学习了一个月学前教育史课程,开始掌握“鉴古观今,古为今用”的基本能力。

三、教学内容分析

陶行知的生活教育理论与实践是本节课的重点内容,人民教育家为人民是家国情怀的价值体现,合作研究、反思提升、学以致用是学前教育师范生的基本素养。

教学设计根据教学程序包括课前、课中、课后三个环节,从资源上来说,融合了多平台的电子资源,更伴随着学生生成资源;从评价上来看,注重环节的阶段性学习效果;从教学方法上来看,运用讨论、自主探究等方法调动了学生的主体性。

四、教学反思

在实施的过程中,关注学生的大部分想法的环节更多以讨论、问答的方式,或借助于学习通平台数据体现。对学生的自学能力、知识积累、时政学习有很高的要求。在古为今用的时候,知识点辐射到的政策法规、前沿研究、教育热点,能开阔学生的眼界。但想在一个点的基础上继续深入挖掘,进行研究或是产出项目成果是一件费时、费力的事情,这一点需要考虑学生的精力以及产学研资源的积累。

▶ 教师简介

宋淑梦,青岛黄海学院学前教育学院讲师,早期教育教研室主任。主持和参与多项校级、市厅级和省部级科研及教学改革、思政培育项目课题,主编托育照护系列教材 1 部,主持和参与建设在线开放课程 3 门。获"校青年教师教学观摩比赛教学能手""教书育人先进个人"荣誉称号,2022 年获首届山东省本科高等学校课程思政教学比赛三等奖。

傣族舞蹈教学
——"三道弯"教学设计

📖 **教学目标**

知识目标	1. 结合傣族人民的民俗信仰、生活习惯,正确理解傣族舞中"三道弯"的具象定义及文化内涵。 2. 区分多民族间"三道弯"元素的形成原因。 3. 准确掌握傣族舞蹈中常用的舞姿造型,并贯穿"三道弯"的造型特点。
能力目标	通过对本节"三道弯"知识点的学习,使学生能够掌握傣族舞的常用舞姿造型,并能够自如地结合傣族舞的基本手形、手位动作要求,编创符合幼儿发展的小舞蹈,将所学技能运用到实践当中,注重实践能力的发展。
情感目标	五千多年的中华文明,使得我国各地区的民族文化、风俗人情大不相同,对各种各样的美也有不同的定义和审美概念,所以在不同地区的舞蹈中,"三道弯"会有不同的表现方式,也正是这些姿态各异的"三道弯"造型,使得舞蹈异彩纷呈、魅力无穷。通过本章节的学习,学生可以提高对民族文化的学习兴趣,建立民族文化自信心。同时学会分析和运用所学舞蹈基础知识,提升学前教育专业意识,从而满足自身专业需求。

📖 **教学内容**

教学内容	1. 傣族舞蹈"三道弯"的定义、来源。 2. "三道弯"舞姿的学习。 3. 不同民族间"三道弯"特征的形成原因及代表动作展示。

教学分析

教学重点	重点	1. 傣族舞中"三道弯"舞姿的成因。 2. 比较不同民族间"三道弯"特征的形成原因及代表动作展示。
	对策	1. 通过教师示范、动作讲解，使学生理解什么是"三道弯"。 2. 通过图片展示、传统故事讲授，引导学生自主分析"三道弯"的动作成因，从而调动学生的学习兴趣，强化记忆。 3. 配合傣族舞曲开展丰富有趣的课堂练习，通过课堂练习使学生理解、熟练掌握动作，并能够正确地知道对应动作的名称。 4. 小组间相互练习，加强动作练习。
教学难点	难点	"三道弯"舞姿的学习。
	对策	1. 通过教师动作示范、讲解，使学生掌握具体的傣族舞蹈"三道弯"造型舞姿。 2. 举例说明"宏观视角"与"微观视角"的三道弯动作特点。 3. 通过小组互动的形式，让学生巩固动作要领，同时牢记舞姿的做法和要求。 4. 教师示范，通过动作展示让学生直观地了解手位的动作要求，突出并解决课堂难点，并对学生的课后编创练习给予引导。

学情分析

学习者分析	优势	1. 学生通过学习舞蹈基础和幼儿舞蹈编创课程，已掌握了一定量的舞蹈知识和训练组合，具备进一步学习的能力。 2. 本课程专业实践性强，教学内容丰富有趣，学生有较高的学习主动性和积极性。 3. 学生理解力较强，能够正确理解理论教学的含义，为实践学习奠定良好基础。
	不足	1. 绝大多数学生初次接触并学习民族民间舞蹈，对于民间舞蹈的风格把握、民族文化底蕴较为陌生，在作业编创部分存在一定困难。 2. 学生的舞蹈基础较为薄弱，对于细微动作的模仿不够细致，同时对于课堂重点、难点的掌握存在一定难度。

教学思想

设计思想一	重点内容重点讲解,把握教学节奏,关注学生课堂表现。合理应用教学方法,如启发提问法、比较分析法,通过教师的标准的动作示范、清晰明了的动作讲解,使学生理性认识动作要领,结合配乐、分组等动作练习形式,使学生充分对动作进行实践。
设计思想二	通过借助学习通平台,设置"傣族民间舞蹈赏析"的课前预习环节,使学生掌握更多的傣族的民族文化,加强学生对"傣族舞手位"知识点的理解和掌握,提高了学生的主观能动性,启发学生思考,激发学生学习兴趣和学习潜力。
设计思想三	将"幼儿舞蹈编创"融入课后作业,在掌握课堂基础知识的前提下,将民族民间舞基础知识与儿童舞蹈创编实践有机结合,不仅提高了学生对动作要领本身的学习效果,更提高了学生的实际应用能力,从而培养"会跳、会编"的学前教育专业人才。

教学模式及手段

教学模式	动作示范—理论讲解—实践练习—构建知识—任务拓展。
教学手段	1. 动作示范讲解:通过教师的动作示范和讲解,对傣族舞蹈"三道弯"特点动作进行精细化教学。 2. 动态多媒体课件:利用相关视频、图片进行直观教学。 3. 板书:呈现教学环节中的关键知识点或补充提示,与多媒体课件互为补充。

板书设计

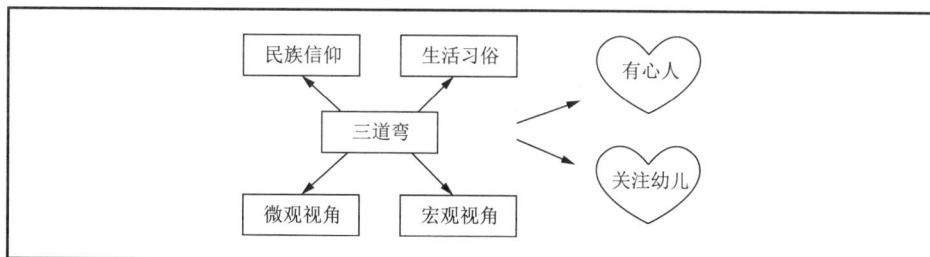

教学过程设计

教学环节	教学步骤及师生活动	教学内容	设计意图
课堂导入	同学们：大家好，欢迎大家来到民族民间舞蹈课堂，今天老师将带领大家一起学习傣族舞的第三节内容——"三道弯"造型。 在上一节课的学习中，我们学习了傣族舞蹈的基础手形、手位做法和动作要领，同时也了解了傣族人民的图腾信仰，现在让我们一起来复习一下上节课所学的动作内容及名称有哪些吧。 常用手形： 掌形手、嘴形手 鱼形手、爪形手 叶形手、曲掌 冠形手 常用手位： 低展翅、平展翅 高展翅、侧展翅 双合翅、双抱翅	图片展示： 1. 知识点回顾。 	以图片导入，提高学生注意力和学习兴趣，引申教学内容。

教学环节	教学步骤及师生活动	教学内容	设计意图
课堂导入		 2. 结论。 孔雀在傣族人民的心目中，有着不可取代的地位，又被称作"圣鸟"，所以，同学们都抓住了"孔雀"的典型特征，并且傣族舞手形、手位造型的动作中大多数表现"孔雀"的生动形象，那么这节课咱们将在此基础上，继续进行傣族舞中"三道弯"特征的学习。	以图片导入，提高学生注意力和学习兴趣，引申教学内容。
	阐述教学内容。	1. "三道弯"舞姿的学习。 2. 不同民族间"三道弯"特征的形成原因及代表动作展示。	阐明主要学习内容、重难点，可使学生学习思路清晰。

续表

教学环节	教学步骤及师生活动	教学内容	设计意图
新课讲授	问题思考： 同学们，在上一节课的手形和手位的学习过程中，老师多次提到了"三道弯"这个词，大家是否还记得？ 大家是否思考过，傣族舞的手位造型中，为什么会出现"三道弯"的特征呢？ 下面请大家一起来观察这张图片。 教师动作示范： 傣族舞中的"三道弯"舞姿造型。 教师依次通过图片展示来讲解具体的"三道弯"特征及动作要求。 思政融入： 傣族舞手位中"三道弯"的特点是对大自然中植物的生长过程、孔雀的外貌形态和生活习性的模仿，展现人们对大自然的敬佩，模仿植物从发芽、生枝、开花到结果的生长过程。在日常的学习生活中，要善于观察，学会做一个"有心人"，热爱生活。	图片展示： 同学们，现在用自己的手臂来模仿一下图中两只孔雀的身形和姿态，并且观察一下手臂的弯曲特征。 知识点故事引申： 孔雀除了拥有美丽的外表之外，也是吉祥的象征，傣族人民把孔雀视作"圣鸟"。孔雀羽毛最为美丽，所以人们在尾翅上做的文章最多。孔雀栖息在树枝上，垂掉下来的尾翅羽毛呈"S"形的曲线，这种"S"曲线正如"三道弯"，所以傣族舞蹈里有"三道弯"的体态特点。 傣族舞"三道弯"舞姿教学： 	用图片引导的方式将傣族舞"三道弯"的起源和做法进行详细讲解，并配以丰富的动作示范和师生互动，帮助学生梳理知识结构、了解动作来源，进一步理解和把握"三道弯"的定义内涵，为后续舞姿学习奠定理论基础。 通过课堂示范，从"微观视角"及"宏观视角"依次讲解各个舞姿的做法、要求以及动作的来源，傣族舞蹈"三道弯"的形态特点展现着傣族的文化内涵，展现着人们对大自然的敬佩，展现着民族的文

教学环节	教学步骤及师生活动	教学内容	设计意图
	问题设计： 同学们在学习完傣族的"三道弯"舞姿后，有没有思考一下其他民族的舞蹈有没有"三道弯"呢？ 下面老师来表演几个其他民族或地区的舞蹈动作。	 傣族舞"三道弯"教学★： 微观视角：手掌 —— 手腕 —— 手肘 —— 肩膀。 宏观视角：脚尖 —— 膝盖 —— 胯部 —— 上身。 3. "三道弯"的文化内涵： ● 展现对大自然的敬佩； ● 展现"水"文化； ● 展现服饰美。	化及服饰美，也展现女性的形态美。 我国各地区的民族文化、风俗人情以及审美概念大不相同，所以在不同地区的舞蹈中的"三道弯"概念也会有不同的表现方式，突出了民间舞蹈的丰富多样和地域性特征。

教学环节	教学步骤及师生活动	教学内容	设计意图
		4. 不同民族、地区间"三道弯"的舞姿运用：山东胶州秧歌；安徽花鼓灯；敦煌舞姿——反弹琵琶；云南花灯等。 ※ 示范动作举例说明，并分析各地区"三道弯"的形成原因。	
课堂巩固	课堂练习： 学生以小组为单位，请学生根据所学的舞姿动作要求，结合傣族舞曲的节奏特点，进行巩固练习，并通过练习查找学习中的不足之处。	课堂练习易错点： 1. 手臂的三道弯容易忽略肘关节的曲度。 2. 造型未突出"三道弯"的特性。 3. 舞姿与身体的方向配合不够协调。 教师评价： 在手位和舞姿动作的练习中，我们要将"三道弯"的造型特点贯穿始终，并精准地掌握其基本要领。	用小组展示的方式，检验学生对"三道弯"定义的理解及舞姿的掌握情况，借助多媒体技术，强化学生大脑和肌肉记忆，以实践促教学，提高学生学习积极性和兴趣。
知识与能力拓展	课后作业： 请学生根据所学的舞姿动作，结合傣族舞曲《月光下的凤尾竹》音乐，编排6个八拍符合幼儿舞蹈特点的傣族舞动作，并上传学习通进行互评（可作单、双、小组舞的形式选择）。	教师提示： 1. 通过课堂练习，学生已经掌握了傣族舞基本手形、手位以及大舞姿的做法，为后续的学习以及编创奠定了基础。 2. 在进行幼儿舞蹈编创时，注意遵循以下几点。 （1）关注幼儿的情感世界。 （2）了解幼儿的心理、生理特征。 （3）尊重幼儿个性发展，要善于观察儿童，注意平时积累。	教师的提示再一次明确学习目的和方向，让学生做到学以致用，总结学习成果，通过创编的实践方式，激发学生的学习创造性。
	线上课程学习与拓展。	《"舞"彩华夏——中华民族民间舞赏析》 章节学习：理论补充； 拓展延伸：舞蹈组合学习。	线上＋线下学习

教学环节	教学步骤及师生活动	教学内容	设计意图
	播放视频《民族舞蹈串烧》。	一曲《本草纲目》掀起了全网健身的热潮,覆盖率可谓"上到九十九,下到刚会走",而传统的民族民间舞在融入了流行歌曲以后,同样可以常跳常新,丰富的民间舞背后,是传承也是创新,可以专业也可以全民,在珠山脚下,大海毗邻,自然给予的力量内化于心,我们黄海师生舞动着青春,也舞出了我们对这所校园的热爱。	思政点:◇ 传统舞蹈的创新性;◇ 当下实时热点的融入;◇ 爱校如爱家。
小结	课程知识点梳理。	1. 傣族舞蹈"三道弯"的定义来源。 2. "三道弯"舞姿的学习。 3. 不同民族间"三道弯"舞姿特征的形成原因。	教学小结串联知识点,强化记忆,有助于学生对本节主要教学内容和知识结构的梳理和总结。

课后反思和总结

课后反思和总结	1. 教学理念。 打破传统的高校民间舞蹈授课模式,避免填鸭式教育,利用线上＋线下相结合的教育模式,将舞蹈理论知识与课堂表演组合相融合,启发学生独立思考,对民族民间舞的学习有更深刻的认识。 2. 教学过程。 沉浸式＋体验式的教学方法,让学生从知识理解、动作学习以及风格把握等方面,全面地理解傣族舞蹈中"三道弯"的含义,并通过案例式学习,对比多民族舞蹈中"三道弯"的概念,培养学生的民族文化认同感。 通过小组练习＋课后作业加强本专业的概念认知,达到学以致用的教学目的。 存在问题:学生的舞蹈基础较为薄弱,对于细微动作的模仿不够细致;编创拓展的素材运用较为局限,小组互动较为单一。 解决措施:强化基础教学,加强知识点的剖析讲解;课上多多开发学生的创造性思维,解开自我束缚。

教学设计感悟

　　民族民间舞是学前教育专业的专业选修课。本课程通过对傣族、维吾尔族、蒙古族以及藏族等不同民族舞蹈的教学,使学生多面地了解各民间舞蹈的特点,弘扬民族文化。同时结合学银在线课程"'舞'彩华夏——中国民族民间舞蹈赏析"的线上学习,开阔学生视野、丰富舞蹈知识,让学生了解民族民间舞蹈文化和传统民族审美心理,掌握民族民间舞蹈形态,锻炼学生民族民间舞蹈表现能力和编创能力,并将学生的鉴赏能力和表现力运用于幼儿舞蹈的编创和教学中,让学生学会学以致用,实现学前教育专业的人才培养目的。

　　在传统的民间舞蹈教学中,教师在进行授课的过程中,大多会按照一定的模式与规范进行教学,让学生单纯地进行基础动作模仿,按规定的组合学习……填鸭式的教学会使学生在教学内容上陷入了模式化,在教学方法与内容上缺乏创新意识,从而使舞蹈文化知识与实际应用脱节,且不利于民间舞蹈在学前教育专业教学、应用中的发展与进步。教师在教学过程中,选用基础性的动作案例以及富有本民族特色的表演风格案例组合,重视学生的模仿学习,同时借助超星学习通平台,通过线上课程的拓展学习、播放视频、讲解民间舞蹈动作让学生体会相关课程的舞蹈形态,然后辅以民间舞蹈风格特征的知识,增强学生的体验感。并采用言传身授的教学模式,注重每个动作的标准化示范,让学生能够更好地融入课堂环境,体验不同民族风格的舞蹈特色,注重风俗民情的渗透。不同民族的民间舞蹈是本民族劳动与智慧的结晶,因此教师在授课过程中,不仅应该重视学生对舞蹈动作分解与组合的领悟,也应该重视学生对舞蹈文化风格背景、民族风情的理解,增强学生课堂体验感。让学生可以通过其对当地文化的了解,展示出自身的独特风格。

　　民族民间舞蹈文化作为我国传统文化的重要组成部分,既是一种文化沉淀,又是一种精神文明的再现,因此在学前教育专业的民族民间舞蹈教学的过程中,要重视情感与知识的融合,强调文化与表现的融合,从文化与审美的角度出发,通过理论性、背景文化与实践练习的结合,让学生更深入地了解各民族的传统文化,在提升学生审美素质的同时,增强学生的民族自信心。

▶ 教师简介

贾悦扬,青岛黄海学院学前教育学院教师,讲师。毕业于山东师范大学,是舞蹈表演与教学理论研究方向硕士。曾获山东省第十、十一届青少年舞蹈大赛专业组一、二等奖,主持及参与校级、省级、国家级课题6项,发表多篇论文,先后获青岛西海岸新区2020年度文艺界优秀会员(舞蹈)、2021年度青岛西海岸新区舞蹈家协会优秀会员和青岛黄海学院"教书育人先进个人""2022年教学标兵"称号,指导学生参赛百余项,获第六届山东省大学生艺术展演三等奖、绚丽年华第十三届全国美育教学成果展评—审美化教学能力一等奖、美育教学成果一等奖以及"国培计划·国艺魂"全国艺术成果展演优秀指导教师奖等。

解热镇痛抗炎药阿司匹林
教学设计

课堂教学设计方案

教师姓名	王鸣慧	学　院	护理与健康学院
课程名称	药理学	授课对象	2021 级护理学本科
授课章节	解热镇痛抗炎药——阿司匹林	课程形式	理论课
使用教材	《药理学》(第 4 版),董志主编,人民卫生出版社		
教学目标	1. 知识目标:掌握阿司匹林的药理作用和临床用途;熟悉阿司匹林的不良反应及注意事项;了解阿司匹林的体内过程。 2. 能力目标:培养学生提升自主学习、理论实践以及分析问题和解决问题的能力;培养学生具备指导患者正确使用药物,并掌握对常用药物疗效及不良反应进行观察的能力。 3. 素质目标:引导学生热爱医护专业,形成正确的科研伦理道德观,养成良好的社会公德、职业道德和职业素质,树立全心全意为患者服务的医德医风和职业使命感,增强"四个自信"信念,提升学生的爱国主义情怀。引导学生树立严谨求实、不畏困难、勇于探索的理想情怀,形成牢固的安全用药和人民生命重于泰山的观念。		
教学重点	阿司匹林的药理作用、临床用途、不良反应。		
教学难点	阿司匹林的作用机制。		
知识扩展	阿司匹林的临床应用及相关研究进展。		

续表

教学方法创新	运用超星学习通教学平台为载体的立体化、交互式教学新模式,采用线上、线下结合,PBL 教学法,案例分析法,讨论教学法,创建以学生为主体的多元化互动式新型教学环境。
课程思政理念	分享典故"阿司匹林的传奇人生",让学生了解阿司匹林发展的传奇历史,提高学生渴望探究其中奥秘的求知欲。讲述历代科学家如何凭着坚持不懈的研究精神和科学严谨的态度破解阿司匹林作用机制的故事,培养学生的思辨能力和严谨求实、勇于探索的理想情怀,增加专业自信,引导学生树立为医药事业奉献的精神。讲述我国在阿司匹林的改革及发展中的贡献,展现国产药品的飞速发展,增强学生"四个自信"的信念,提升学生的爱国情怀,增强学生学习药理学的热情,培养其社会责任感。结合临床案例,使学生牢固树立安全用药和人民生命重于泰山的观念,体会医药工作者强烈的使命感与责任感。阿司匹林并非单独一个国家、一个企业或某一时代的科学家一蹴就研制成功的,而是在全人类前赴后继的不懈努力下,基于一代又一代的智慧,经过千百年的艰难积累才获得的成功,这也很好地体现了"人类命运共同体"的理念。 在案例分析探讨中,培养学生质疑精神、互助精神,学生间取长补短,提出有难度的问题,培养学生的挑战精神,增加自信心。在开放式作业和习题环节中,强化科学思维和发散思维的养成,引导学生自主学习。从阿司匹林药理作用和临床用途方面进行总结,让学生运用自然辩证思维处理问题。

课程教学设计

教学背景	本章内容具有知识交叉性和应用性较强等特点。授课对象为 2021 级护理本科学生,已经学习了解剖学、生物化学、生理学等相关课程,具备一定的理论基础。学生普遍存在思维定式、创新意识不强、不善应用专业知识解决问题等短板。此外,学生还存在平常缺乏交流机会,但求知欲强等特点。因此,针对本次课程的特点和学情分析,教学设计以 OBE 教育理念和五育并举教育思想为核心,以学生为主体,将立德树人理念融入教学中,使知识传授与思想政治教育同向同行,构建以学习通教学平台为载体的立体化、交互式、多元化的新型教学育人模式。

续表

教学环节	教学内容设计	课程思政设计
课前布置学习任务	线上共享本章节优质课程资源、课件、临床应用视频、学科前沿进展文献等相关教学资源，告知并强化学生提前对课程进行预习和学习，达到"带着问题听课"的效果。	通过布置课前任务等环节，引导学生预习主要内容，了解课程前沿进展，养成自主学习的习惯，强化应用能力的培养。
课程共性问题答疑（课前）	对学生在线上或线下学习中遇到的关于阿司匹林药理作用、作用机制、抗血栓临床应用等问题进行答疑和知识归纳总结。	解决难点问题，形成师生互动，调动学生学习主动性，激发学生的学习兴趣。
课程导入	通过讲述阿司匹林的传奇历史引出本次课程。从公元前1534年古埃及人和古苏美尔人对柳树皮镇痛退烧的记载，以及我国《神农本草经》和《本草纲目》对柳树功效的记载，到19世纪水杨苷和水杨酸的发现，再到乙酰水杨酸的合成并被正式命名为"阿司匹林"，其间历经千年，凝聚了全人类的不懈努力和艰难积累。阿司匹林是世界医药史上三大经典药物之一，它为什么有如此重要的地位？	分享"阿司匹林的传奇人生"，讲述我国对阿司匹林发展的贡献，展现国产药品的飞速发展，增强学生"四个自信"信念，提升学生爱国情怀。阿司匹林的研制是在全人类前赴后继的不懈努力和数百上千年的艰难积累下取得成功的，体现了"人类命运共同体"的理念。
新课讲授 案例分析教学法	一、体内过程 将微课通过多媒体进行展示，使学生直观具体地了解阿司匹林抽象的体内过程。 口服阿司匹林吸收快而完全，主要吸收部位在小肠上部，胃的吸收较少。血药浓度约2小时达峰值，然后逐渐下降。在吸收过程中及吸收后，迅速被血浆、组织内的酯酶水解成水杨酸和乙酸。因此，阿司匹林的血浆浓度低。吸收后以水杨酸盐的形式分布到全身组织和细胞间液，如关节腔液、脑脊液和乳汁中，亦易透过胎盘屏障。水杨酸盐与血浆蛋白结合率高，可达80%～90%。水杨酸盐主要是在肝内代谢，由肾排泄。尿液的pH值可影响水杨酸盐排泄，在碱性尿液中，水杨酸盐解离增多，重吸收减少，排泄增多；在酸性尿液中则相反（知识链接到第一章总论中体液pH值和药物解离度的关系）。	引导学生树立"学以致用"的意识，培养学生理论联系实际的能力，树立专业自信，培养学生的使命感、责任感及探索求真的精神。

教学环节	教学内容设计	课程思政设计
案例分析教学法、PBL教学法	二、药理作用及临床用途 1. 解热作用。 （1）解热机制：抑制下丘脑环氧合酶，阻断PGE2合成。 （2）解热特点：使发热者的体温恢复正常，不能降到正常水平以下，对正常人的体温无影响。 提出问题：阿司匹林和氯丙嗪降温作用有何不同？	学生通过讨论能加强团队合作精神和与他人的沟通能力，激发学生的学习兴趣，调动学习主动性，培养学生分析问题、解决问题的能力。

	阿司匹林	氯丙嗪
部位	下丘脑体温调节中枢	下丘脑体温调节中枢
机制	抑制PG合成酶	直接抑制体温调节中枢
方式	主要影响散热	影响产热和散热
结果	发热患者体温恢复正常	体温可降至37 ℃以下
对象	主要用于发热患者	对发热和正常人均有效
条件	不受环境温度影响	环境温度可影响降温作用

引入问题：让学生分组对问题进行分析讨论和交流，选择其中两组学生作为代表叙述讨论结果。教师进行完善和补充，并对学生的讨论结果进行总结和点评，强调本节重点内容，即掌握阿司匹林解热作用及临床应用。

2. 镇痛作用。

（1）作用机制：当组织损伤或有炎症时，局部产生并释放某些致痛、致炎物质，如缓激肽、PG和组胺，作用于痛觉感受器引起疼痛，其中缓激肽致痛作用最强。阿司匹林通过抑制外周病变部位的COX，使炎症局部PGs合成减少，从而减轻疼痛。

（2）作用特点：对头痛、牙痛等慢性钝痛效果好，对急性锐痛、严重创伤性剧痛和内脏平滑肌绞痛无效，不产生欣快感和依赖性；是治疗轻度癌症疼痛的代表性药物。

续表

教学环节	教学内容设计	课程思政设计
PBL 教学法、讨论教学法	提出问题:阿司匹林和吗啡镇痛作用有何不同? 引入问题:让学生分组对问题进行分析讨论和交流,选择其中两组学生作为代表叙述讨论结果。教师进行完善和补充,并对学生的讨论结果进行总结和点评,强调本节重点内容,即掌握阿司匹林镇痛作用及临床应用。 3. 抗炎抗风湿作用。 治疗风湿性关节炎和类风湿性关节炎;急性风湿热的鉴别诊断;抗风湿用量比解热镇痛剂量高 $1 \sim 2$ 倍,最好用至最大耐受量($3 \sim 5$ g/d)。 4. 抗血栓作用。 (1)病理因素作用下,血小板参与血栓形成机制。 病理因素如病菌、药物等作用,血小板受刺激被激活,局部 PGI_2 生成减少,TXA_2 相对占优势。 提出问题:如何纠正 PGI_2 和 TXA_2 之间的不平衡状态?通过讨论,使学生掌握 PGI_2 和 TXA_2 在血栓形成中发挥的作用。 (2)作用特点。 ① 小剂量($50 \sim 100$ mg/d),抑制血小板聚集及抗血栓形成;大剂量直接抑制血管内皮 PG 合成酶,减少 PGI_2 合成,促进血栓形成。 ② 治疗缺血性心脏病、脑缺血性疾病、房颤等心脑血管疾病以及防治人工心脏瓣膜、动静脉瘘或其他手术后血栓形成。 强调问题:不同给药剂量对药物作用的影响。	学生对如何将理论知识应用到临床治疗有了更深的体会,培养学生解决问题的能力;让学生树立安全用药的意识,激发学生的使命感与责任感,让学生形成良好的社会道德与价值观。

其中"提出问题"下的表格内容:

	阿司匹林	吗啡
部位	外周	中枢
机制	抑制 PG 合成酶	激动阿片受体
效力	较弱	较强
适应证	慢性钝痛	急性锐痛
成瘾性	无	易成瘾
呼吸抑制	无	有

教学环节	教学内容设计	课程思政设计
案例分析教学法	（3）临床应用拓展知识。 ① 动脉硬化性心血管病一级预防中的应用。 将 10 年冠心病风险 ≥10% 的人群分为 3 组： A. 高血压患者，血压控制稳定（<150/90 mmHg），一项高危因素（>50 岁，靶器官损害，糖尿病）； B. 2 型糖尿病患者，>40 岁，一项高危因素（早发 CVD 家族史，吸烟，高血压，超重与肥胖，蛋白尿，血脂异常）； C. 有 3 项及以上高危因素者（≥50 岁，血脂异常，吸烟，肥胖，早发 CVD 家族史）。 建议上述人群应用阿司匹林进行一级预防，剂量为 75 ～ 100 mg/d，长期应用。 ② 缺血性心脏病患者的应用。 引用临床应用实例，阐明针对不同疾病阿司匹林治疗方案的不同以及给药剂量对药物作用的重要影响。	教学中融合专业素养元素，引导学生运用专业知识解决临床实际问题，树立安全、合理用药意识。
案例分析教学法、PBL 教学法	三、不良反应 1. 胃肠反应。 抑制胃黏膜 COX-1，前列腺素合成减少。 提出问题：阿司匹林为什么用肠溶片？消化性溃疡患者为什么禁用？ 2. 凝血障碍。 引用文献实例，阐明阿司匹林抑制血小板聚集，延长出血时间；大剂量抑制凝血酶原形成，出血时间和凝血时间延长，易引起出血。必须引起充分的重视。	结合应用实例，在让学生理解阿司匹林引起的不良反应同时，引发学生深入思考，让学生明白对特殊人群用药应引起足够的重视，使学生树立安全用药，人民生命重于泰山的意识，让学生形成良好的社会道德与价值观。
PBL 教学法	提出问题：阿司匹林的禁忌证及用药注意事项有哪些？ 3. 水杨酸反应。 剂量过大（>5 g/d）时，可出现头痛、眩晕、恶心、呕吐、耳鸣、视力及听力减退等中毒反应，严重者可出现高热、谵妄、过度呼吸、酸碱平衡失调、精神错乱、昏迷，甚至危及生命。 提出问题：如何改变体液 pH 来加快排泄？	

173

续表

教学环节	教学内容设计	课程思政设计
案例分析教学法、PBL教学法	4. 瑞夷综合征。 引用文献实例，阐明儿童感染病毒性疾病（如水痘），服用阿司匹林退热时，偶可引起急性肝脂肪变性-脑病综合征，表现为严重肝功能不良合并脑病，出现脑水肿。 提出问题：儿童感染病毒性疾病发热，用什么药物退热？ 5. 过敏反应。 提出问题：哮喘患者为什么禁用阿司匹林？	引导学生敬畏生命、尊重生命，潜移默化激发学生强烈的责任感。
课程小结	通过口诀总结本节课主要内容，指出本节学习的重点内容：阿司匹林的药理作用、临床用途等问题，初步探讨了阿司匹林抗血栓作用的临床应用。	指导学生利用分析、归纳、总结的方法来学习新知识。
复习思考题	案例分析：患者，女，50岁，主述胃痛、双腿肿胀2周，伴有气短、疲劳等症状。既往有动脉粥样硬化和类风湿关节炎病史。体查：手关节炎和脚踝水肿。目前服用药物为布洛芬、阿司匹林、辛伐他汀。医生要求做心电图、血常规，检查电解质和大便潜血情况。 问题： 1. 哪种药物可能会引起胃痛？ 2. 目前服用阿司匹林主要是为了治疗何种疾病？ 3. 如何指导患者合理用药？	让学生结合所学知识积极思考、讨论，加深对阿司匹林的药理作用、不良反应的理解，培养学生的质疑和挑战精神，让学生对学习成效进行交流，增加其自信心。
第二课堂知识扩展及新进展（线下）	通过设置开放式设计题目，让学生在线上、线下通过查阅文献和资料及根据所学的理论知识进行深入思考，分组讨论研究。在讨论中加深理解，使学生能灵活运用阿司匹林的药理作用进行临床应用，教学中也无形培养了学生的使命感、责任感及探索求真的精神。 1. 如何规范使用阿司匹林？ 2. 查阅文献和资料，列举阿司匹林临床应用案例。	课后通过学习通平台交流互动、答疑、开放性作业等环节，强化学生的创新思维和团队合作能力等，做到知识传授与价值引导交相辉映，提高教学质量和教学效率。

板书设计

一、药理作用及临床用途	二、不良反应
1. 解热作用。	1. 胃肠反应。
2. 镇痛作用。	2. 凝血障碍。
3. 抗风湿作用。	3. 水杨酸反应。
4. 抗血栓作用。	4. 瑞夷综合征。
	5. 过敏反应。

教学过程流程图

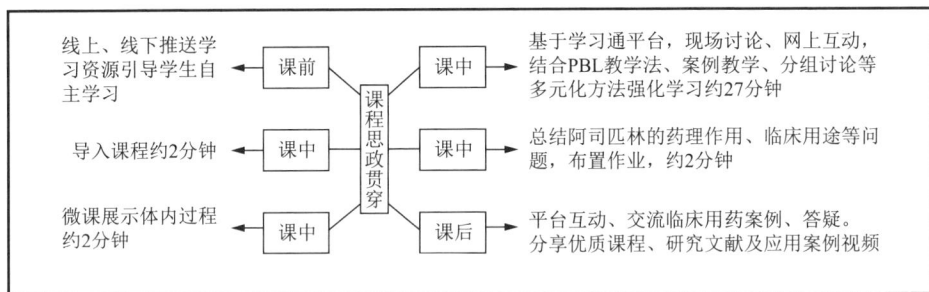

教学总结与反思

本节课紧紧围绕"立德树人"和"以学生为中心"的教育理念,主要采用案例分析、讨论、PBL 教学方法,运用多媒体辅助、图片展示、视频演示等教学手段将复杂、理论、抽象的问题简单化、直观化。课堂教学组织严密紧凑,各教学环节之间循序渐进,课堂气氛活跃,互动频繁,案例引入成功,学生从案例中受到了教育和启发,较好地完成了授课任务。

反思其中仍有不足之处:部分学生对前期基础知识的掌握不足,影响其对新知识的理解与吸收。今后的教学中需要更多关注这部分学生,课下利用学习通教学平台、QQ 群交流讨论等教学策略,及时了解他们的学习效果与进度,并通过课前强化以及课后辅导来帮助他们提高。

教学设计感悟

药理学是研究药物与机体间相互作用规律及其药物作用机制的一门科学,是药学类和医学类各专业的核心基础课程和护理学、公共卫生学等学科的主干课程。作为临床医学与基础医学、临床医学与药学之间的桥梁学科，药理学的授课目标紧扣知识目标、能力目标和素质目标三个方面：一是使学生掌握必需的理论基础和临床常用药物的药理作用、作用机制、临床用途和不良反应，熟悉药物的体内过程，了解新药研制等前沿知识；二是培养学生的科学思维和创新思维，使学生具备灵活运用理论知识分析问题、解决问题的能力；三是通过课程思政，引导学生增强其职业使命感和荣誉感，培养学生树立和践行社会主义核心价值观，提升学生的爱国情怀。

本节课程讲授"解热镇痛抗炎药——阿司匹林"。授课内容具有知识交叉性、应用性强等特点，重难点包括阿司匹林的药理作用、临床用途、不良反应和作用机制。整个教学过程包括课前、课中、课后三个环节，课程思政贯穿始终。课前通过线上共享优质课程学习资源，强化学生提前预习，达到"带着问题听课"的效果。课中分为课程导入和新课授课两部分。课程导入分享典故"阿司匹林的传奇人生"，激发学生兴趣，讲述我国在阿司匹林的改革及发展中的贡献，增强学生"四个自信"的信念和爱国情怀。新课授课主要采取PBL教学法、讨论教学法、案例分析教学法等，通过多媒体展示，使学生直观具体地了解抽象的体内过程；通过引入问题、分组讨论、临床应用案例解析，巩固阿司匹林药理作用、临床用途和不良反应的知识，培养学生将理论应用于实践的能力，以及安全合理用药的意识，使学生牢固树立安全用药和人民生命重于泰山的观念。最后，通过口诀总结本节课主要内容，指出本章学习的重点内容，指导学生利用分析、归纳、总结的方法来学习新知识。课后通过布置复习思考题和第二课堂知识扩展，设置开放式题目，进一步培养学生灵活运用阿司匹林的药理作用进行临床运用的能力，培养学生的使命感、责任感以及探索求真的精神。

药理学课程内容非常广泛，在教学过程中，需要教师融会贯通生理学、病理学、微生物学和生物化学等一系列基础医学和临床医学的基础知识。在今后的教学过程中，教师不能仅限于书本知识，应与时俱进，把更多新的案例和前沿知识引入课堂，加强对学生理论知识、实践能力和综合素质的同步培养，做到知识传授与价值引领交相辉映，充分激发学生的学习兴趣，提高教学质量和教学效率。

▶ 教师简介

　　王鸣慧，博士，青岛黄海学院护理与健康学院教师，副教授。担任药理学、护理礼仪与沟通、病原生物与免疫学的课程教学。近年来发表学术论文 16 篇（其中 SCI 收录 4 篇）；主持横向课题 2 项、校级课题 1 项；参与国家自然科学基金 3 项；参与国家海洋经济创新发展区域示范项目及国家海洋公益性项目 3 项；曾荣获黑龙江省科学技术成果奖、山东省科普创作大赛二等奖；指导学生参加山东省大学生医养健康创新创业大赛，获二等奖等奖励；2021 年被评为校级教师讲课比赛教学能手。

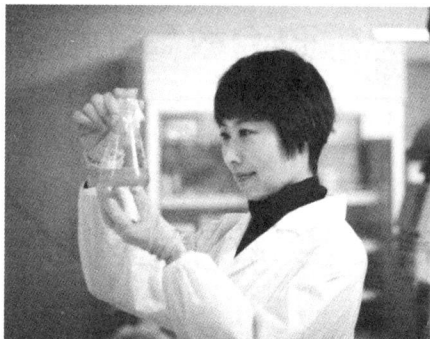

思想政治教育实践活动

传承雷锋精神　争做时代新人
教学设计

教学分析

内容分析	雷锋精神是中国精神的重要组成部分,也是高校思想政治教育工作的重要资源,习近平总书记就学习弘扬雷锋精神也多次作出重要指示。雷锋同志虽已牺牲 60 年了,但以他名字命名的精神对新时代大学生的教育意义及良好社会风尚的树立依然有着非常重要的社会价值。 培养高素质的雷锋式应用型本科人才是应用型本科高校的重要育人目标。雷锋精神中"热爱党、热爱祖国、热爱社会主义的崇高理想和坚定信念"对应大学生信仰目标的培养,"服务人民、助人为乐的奉献精神"对应大学生道德目标的培养,"干一行爱一行、专一行精一行的敬业精神"对应大学生职业素养目标的培养,"锐意进取、自强不息的创新精神""艰苦奋斗、勤俭节约的创业精神"对应大学生发展目标的培养。 在理论学习的基础上,依托雷锋纪念馆、红色 VR 互动体验馆等资源,学生能够结合专业知识参与到雷锋精神"六个一"实践活动中,在深刻理解雷锋精神的内涵、领会其时代价值的同时,提升自身专业技能和职业素养。
学情分析	大学生是社会主义现代化的建设者和接班人,也是传承和发扬雷锋精神的"种子",他们的价值取向和道德素养在一定程度上对社会的价值取向和道德风尚的走向起着尤为重要的作用。

续表

学情分析	但是,目前雷锋以及雷锋精神对部分大学生来说却是最熟悉的陌生人。熟悉是指学生从小到大都在接受雷锋精神教育,知晓其奉献精神。陌生是指部分学生对雷锋精神的内涵一知半解,在学雷锋活动中产生了很多困惑。譬如,雷锋精神是否过时、学雷锋是否等同于做好事,学生的学习尚未完全从引导学习向自觉践行转变。雷锋精神主题教育活动使大学生在实践中感知雷锋、了解雷锋、崇敬雷锋,从而让学生自觉地学习雷锋精神,争做时代新人。

🗂 教学目标

知识目标	学习雷锋的生平和事迹,全面掌握新时代雷锋精神的内涵,深刻领会雷锋精神的时代价值。
能力目标	掌握课件制作、视频拍摄、文案撰写等技巧,激发学生的问题意识、方法意识和研究意识,培养学生解决复杂问题的综合能力和高阶思维。
素质目标	培养学生具有人文社科素养、历史使命感、社会责任感和良好的道德品质,理解所学专业与社会发展的关系,以便学生未来更好地融入社会。
情感目标	学生能够真正认同雷锋精神,主动学习,争做雷锋精神的倡导者、践行者,做新时代的雷锋。
教学重点	新时代雷锋精神中"理想信念、奉献、敬业、创新、创业"的五大核心内涵。
教学难点	如何深刻理解雷锋精神的时代价值？新时代雷锋精神是否过时？学雷锋如何不流于形式？如何在专业实践中践行雷锋精神？

🗂 教学思路

设计思路	1. 课前准备:教师发布任务单,发挥学生主体作用,让学生通过在线课程、电影、线下参观等形式,提前了解学习雷锋,进行成果展示。 2. 课堂教学环节:课堂理论教学与实践教学穿插进行。提出问题,带领学生用 VR 云参观抚顺雷锋纪念馆,使学生进一步了解雷锋的事迹、全国学雷锋的概况,解答学生在参观学习中产生的困惑(如雷锋照片的真实性问题),由云展馆中五根精神柱上的内容引出新时代雷锋精神的时代内涵,通过唱雷锋歌曲、讲雷锋故事等课堂实践形式让学生加深理解,分组研讨雷锋精神时代价值等学生关心的问题。

设计思路	3. 课后实践任务：学生参与一次志愿活动，寻找一个身边的雷锋；根据专业特色设计一个雷锋精神作品，如微视频、设计 VR 馆、艺术创作。 4. 课堂展示与复盘：学生分享实践经历和身边故事，展示实践作品，学生自我点评与复盘，教师提出指导意见与成长期望，计入成长档案。

教学过程

第一阶段				
教学环节	环节设计	教师活动	学生活动	设计意图
课前任务	在学习通发布课前理论和实践任务，学生通过参观、观影、在线课程完成对雷锋及雷锋精神的初步了解。	教师发布自主学习任务单（含学习目标和要求）： 1. 从雷锋纪念馆选择 2～3 张照片，挖掘照片背后的故事。 2. 通过电影引导学生了解雷锋。 3. 在线课程资源持续更新与互动。	1. 参观雷锋纪念馆。 2. 观看有关雷锋的影视作品。 3. 学习在线课程"雷锋的人生观修养"。	1. 践行"三全育人"实践。 2. 依托学校资源，加深学生对雷锋精神的了解。 3. 提高课件制作水平、归纳总结能力及语言表达能力。
课堂活动	借助学校雷锋纪念馆和学生展示成果导入课程。	导入提问： 1. 雷锋的家乡是哪里？ 2. 学雷锋纪念日是哪一天？ 3. 为什么能保存较多的雷锋照片？	学生回答问题并提出新问题，与教师一起讨论分析问题。	问题导向，学生主动了解、学习雷锋精神。
	问题导向：带着问题，用 VR 参观抚顺雷锋纪念馆，并引导学生深入讨论分析雷锋精神的影响力。	1. 教师统一打开 VR 头盔中的资源，简介场馆。 2. 深度提问： （1）雷锋的家乡在湖南，抚顺为什么有雷锋纪念馆？	1. 学生进入 VR 头盔一体机进行云体验。	1. 利用 VR 资源，沉浸式体验，深入了解雷锋。

第一阶段				
教学环节	环节设计	教师活动	学生活动	设计意图
课堂活动		（2）雷锋牺牲60年了，为何还在被学习和纪念？ （3）学雷锋纪念日为什么是3月5日？和志愿者服务日有何关系？	2. 根据参观场景讨论并回答问题。	2. 使学生了解雷锋精神在今天依然有着巨大的影响力。
	理论讲授：新时代雷锋精神内涵的深刻解读。	对雷锋精神"理想信念、奉献、敬业、创新、创业"五大内涵进行理论解读。	将雷锋故事与新时代雷锋精神五大内涵一一对应。	使学生了解学雷锋并不只是做好事，其内涵十分丰富。
	实践活动：唱因《雷锋日记》而诞生的歌曲：《唱支山歌给党听》。	教师阐释歌曲《唱支山歌给党听》创作缘由。	学生唱歌曲《唱支山歌给党听》，挖掘歌曲创作背景及雷锋对党的无限深情。	激发学生与雷锋的共情，体悟雷锋的情感。
	实践活动：讲述雷锋故事——选取学校雷锋纪念馆的照片并讲解背后故事。	1. 以学生为中心，引导学生分享课前成果。 2. 点评与引申。 3. 联系学校、学生实际进行总结。	1. 以小组为单位，讲述照片背后的故事及所折射出的雷锋的精神特质。 2. 在学习通TBL分组任务中进行组间、组内评分。	1. 让学生主动深入了解雷锋。 2. 锻炼学生语言表达、团队合作等能力。
课后实践	1. 排演雷锋精神微剧目。 2. 制作雷锋纪念馆VR学习馆。（二选一）	1. 讲解剧目要求及技巧，引导学生自由组队创作。 2. 鼓励学生结合专业选择合适的实践活动项目。	1. 组建团队、任务分工。 2. 编写剧本、排演并录制剪辑，或收集资料、建模建馆。	1. 学生"走近"雷锋。 2. 备战红色经典剧目展演。 3. 提升学生专业能力和素养。

续表

	第二阶段			
课前任务	1. 了解当代雷锋人物事迹：孔繁森、郭明义等。 2. 自主学习在线课程"雷锋的人生观修养"。	1. 强调身边的雷锋人物。 2. 拓宽学生思路，要体现雷锋同志理想信念、奉献、敬业、创新、创业5种特质。	寻找身边的雷锋：选取有代表性的人物，对其进行一次访谈。	使学生意识到雷锋一直在我们身边，雷锋精神是永恒的。
课堂讲授	1. 通过问题导入引导学生自主分析目前对学雷锋比较困惑的问题。 2. 讲授雷锋精神的时代价值，进行正确价值引导。	1. 分析总结新时代雷锋精神是否过时了。 2. 探讨总结雷锋精神的时代价值。	分组讨论： 1. 针对教师提出的问题进行讨论，得出结论。 2. 课前成果分享：寻找身边的雷锋。	对学生进行正确的世界观、人生观和价值观引导，变被动"学"为主动"学"。
课堂展示	1. 微剧目的现场展示。 2. VR雷锋学习馆的展示。	组织、引导、点评，提出修改意见。	1. 小组进行项目展示。 2. 通过学习通TBL任务进行组间互评。	1. 增强学生自信，提升团队组织协作能力。 2. 雷锋精神入脑入心。 3. 对专业技能予以提升。
	讲述身边的雷锋（制作PPT）。	教师组织、引导，强调雷锋精神，人人可学，奉献爱心，处处可为。	学生分享身边的雷锋及个人成长心得。	1. 提高学生的口头表达能力和PPT制作能力。 2. 让学生认识到雷锋就在身边，雷锋精神是永恒的。
课后实践	参加志愿者活动（长期活动）。	1. 引导学生根据所学专业选择有意义的志愿活动。 2. 布置作业：提交志愿服务的照片或心得。	学生根据所学专业参与有意义的志愿活动。 1. 在校内完成不少于一次的志愿服务。 2. 尝试加入志愿者协会，参加社会服务。	学生能通过志愿实践感悟雷锋精神的价值，体验实现人生价值的意义，自觉承担时代新人的历史使命。

| 教学设计感悟 |

依据思想政治教育实践活动课程特点和学校"四文化"育人理念，依托学校雷锋纪念馆和红色文化 VR 教育基地以及超星学习通等平台进行教学设计。

设计特色一是以学生为中心，遵循其发展规律，逐步提高任务难度，运用讲、演、做等形式，全方位提升学生的表达、团队合作、课件制作、视频剪辑等能力，提高生活洞察力，真正将雷锋精神传承常态化。

设计特色二是灵活运用在线课程、新媒体等各网络思政资源，做好特色项目，强化正能量引领；依托学校基地，利用虚拟现实技术，提高思政教育的实效性；融入学校教育理念，传承雷锋精神，讲好学校故事。

设计特色三是师生良好互动，采用教师指导、学生主导的课堂模式，在沟通交流中增强了师生关系。

这一主题活动能够与学校的"四文化"育人特色和红色教育基地相结合，能与学校和学院组织的活动相关联，践行"三全育人"。活动通过"六个一"，将集中与分散相结合，理论与实践相结合，线上与线下相结合；突出虚拟实践教学，突出社会实践，突出主题活动，整体实现了教学目标，达到了传承雷锋精神的效果。但在课件制作和剧目表演等方面，还需给学生提供进一步的指导。

▶ 教师简介

鞠宏一，青岛黄海学院马克思主义学院教师，中共党员，副教授，现任思政课实践教学中心主任，承担马克思主义理论教学教育任务，主持和主讲的2门课程已上线国家高等教育智慧教育平台，主持的2门课程被评为校级一流课程。近年来，主持和参与各级各类课题20余项，发表教科研论文10余篇。荣获青岛高校"十佳思政名师"，校级"优秀教师""优秀共产党员""三八红旗手"等荣誉称号。

守望相助　同心战"疫"

——疫情"大考"下的国际关系和中国方案教学设计

教学目标

知识目标	学生了解新冠肺炎疫情下国际格局的加速演变情况,基于此明确人类社会是一个命运共同体,多边主义是人间正道,加强和完善全球治理势在必行。
能力目标	学生能够运用新冠肺炎疫情下的国际社会关系,深刻认识疫情"大考"下应选择团结还是分裂、开放还是封闭、合作还是对抗,提高检验人类社会智慧、良知和勇气的能力。
素养目标	通过疫情"大考"下的国际关系和中国方案,让学生正确认识社会生活中的疑难困惑,端正"只要思想不滑坡,办法总比困难多"的心态,扎实学习并自觉投身于中国特色社会主义建设中。

教学内容

教学内容	1. 通过对能引发学生共鸣的音乐与时政热点进行论证,厘清疫情对大国关系的冲击和影响。 2. 通过举例中国抗击新冠疫情举措,讲解疫情下国际格局变化。 3. 通过中国国内外疫情方案讲解如何积极推进共同扩大对外开放。 4. 通过他国论证讲解中国坚持走多边主义道路,构建更加紧密的命运共同体。

续表

思维导图	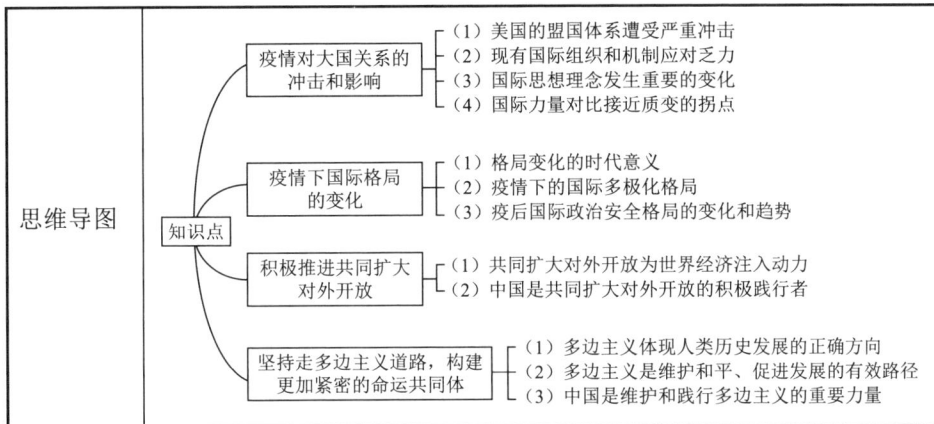

课程资源

课程资源	视频资源：《长江新闻号》特别节目《大国的样子这十年》。 电影《中国医生》、电视剧《最美逆行者》。 学习强国平台《疫情防控凸显中国的大国担当》等慕课。

教学分析

教学重点	重点	理解共同扩大对外开放、走多边主义道路、构建命运共同体的中国方案。
	对策	1. 引入中国抗击疫情的经典案例，分析疫情下国际格局的变化，在该变化之下理解中国方案。 2. 组织学生小组讨论，引导学生分析如何应对在疫情下国际格局的变化。
教学难点	难点	理解疫情对于大国关系和国际格局的具体影响。
	对策	1. 组织学生小组讨论，通过境外输入病例等时政新闻，理解疫情防控的大局意识和全局观念。 2. 通过疫情时政热点新闻对比，了解大国之间疫情防控措施的情况。

学情分析

学习者分析	优势	在教学实践和与学生交流中，了解到学生对于课程内容有一定兴趣，较为关注疫情之下的大国关系和中国方案，并且希望有更加深入、系统性的认知，对课程内容的理解深度直接关系到学生对国内外社会生活的正确、有效理解。
	不足	在教学实践和与学生交流中，了解到学生对于人类命运共同体这个概念较为模糊，对于疫情"大考"下的国际关系和中国方案这部分知识掌握欠缺。

教学思想

设计思想1	坚持以学生为本的教学思想，将与学生密切相关的全球疫情与中国方案进行深入阐述。新时代青年大学生是担当民族复兴大任的时代新人，需要了解疫情特殊时期国内外相关政策以及中国应对疫情的大国担当。基于此，教学过程中坚持以学生为中心，通过多样化教学案例资源等进行授课，使学生能够产生共鸣，更加理解中国防疫政策。
设计思想2	主要以时政热点新闻为案例进行授课，通过丰富多样的音乐、访谈节目等音视频资源，充分丰富课堂内容。教学内容较多，学生理解较为困难，需要探索学生喜闻乐见且有效的教学方式，使教学内容更加接地气。

教学模式及手段

教学模式	新课引入—理论讲解—案例分析—构建体系—作业拓展。
教学手段	1. 问题探究：采用多问题讨论，启发学生意识到教学内容与自身实际相联系的必要性，才能让学生产生共鸣与认同感。 2. 案例分析：采用时政热点新闻案例丰富教学内容，辅助学生在教师理论讲授的基础上理解教学知识点。 3. 多媒体教学：采用学习通等线上教学平台丰富教学形式，通过讨论等功能，教师能够掌握大部分学生的上课状态。

教学过程设计

教学环节	教学步骤及师生活动	教学内容	设计意图
课堂导入	问题、案例、学理导入	观看《中国医生》1分钟短片,抛出问题:疫情下的我们,有什么变化? 疫情防控下仍无法避免境外输入病例,中国为什么不关闭进口大门? 预设学生活动: 学生通过学习通App回答问题,逐一递进融入本节课主要内容。	通过学生熟悉的文艺作品与时政热点新闻,引出疫情下的国际关系和中国方案教学内容。
课堂教学环节1:疫情对大国关系的冲击和影响	教师讲解师生互动	1. 学生聆听新华社全球首发抗击疫情歌曲《We Are One》,引出讨论:全球抗击疫情过程中,各国呈现什么状态? 预设学生活动: 思考并进行小组讨论,探讨各国抗击新冠肺炎疫情的举措与状态,将答案提交至学习通App。 2. 根据学生讨论情况展开该部分教学,主要采用案例简要分析即可。 (1)美国的盟国体系遭受严重冲击:旧有的盟国体系已经无法应对当前世界的许多挑战,凝聚盟国的基础正在发生动摇,但美国和欧洲的同盟关系没有改变。2020年9月,加拿大卫生部长帕蒂·哈伊杜在接受本国媒体采访时表示,中国在新冠疫情问题上没有犯错。这在西方政治世界引起不少喧哗。 引用郑永年"尽管欧洲国家需要中国的援助,但各国对中国援助所能产生的地缘政治影响,也保持着高度的警惕"。 (2)现有国际组织和机制应对乏力:美国以世卫组织"偏袒"中国和应对疫情"不力"为由,停止付费和最终退出,世卫组织由此而无法发挥其应有的功能。	启发学生以小见大,由身边的具体事例联系到国际关系这个层面上,将疫情上升到国际高度来理解中国所处的全球大国关系,从而拓宽学生理解问题的视野,提高学生思考问题的意识与能力。

187

续表

教学环节	教学步骤及师生活动	教学内容	设计意图
		（3）国际思想理念发生重要的变化：创建美好生活和安全健康人生的普遍愿望。引用美国政治学家弗朗西斯·福山"各国疫情防控是否成功与政权性质无关，但缘于国家能力、社会信任和领导好坏"。 （4）国际力量对比接近质变的拐点：中国的和平发展引发的全球力量平衡变化，决定了当前国际政治的整体发展过程。2021年10月25日，中国国家主席习近平在中华人民共和国恢复联合国合法席位50周年纪念会议上发表讲话，强调中国将坚持走和平发展之路，始终做世界和平的建设者。 真正质变需要更多类似应对恐怖主义、金融危机和新冠肺炎疫情的国际合作的多轮催化。 预设学生活动： 听教师讲解疫情对大国关系的四个主要影响与冲击，和小组讨论结果相对比，学习自己未考虑到的内容。另外，可以对教师的讲解内容进行补充。	
课堂教学环节2：疫情下国际格局的变化	教师讲解师生互动	1. 学生了解美国对中华人民共和国的战略方针，2020年6月，美国白宫提出了全美政府应对中国这一大国竞争对手的战略方针，并启发学生思考疫情下国际格局呈现什么变化。 预设学生活动： 思考并进行小组讨论，探讨疫情下国际格局呈现的新变化，将答案提交至学习通平台。 2. 根据学生举例分析情况展开该部分教学，主要采用中国抗击疫情的经典案例分析。 （1）格局变化的时代意义：力量对比的内涵变化；格局变化的重要动向；大国战略布局的调整。以"武汉速度"为核心的《你的热干面，好了！》短视频为例，讲述武汉"暂停"76天后终于雨后天晴，中国作为发展中大国的代表，其疫情恢复速度和程度在世界主要经济体中尤为突出，在应对思路、治理理念和政治影响等方面优于美欧国家。	引导学生放眼全球各国，尤其关注中美关系在疫情下的变化，以中国抗疫举例引导学生产生对中国抗疫方案的认同感和自信心，从而认

教学环节	教学步骤及师生活动	教学内容	设计意图
		（2）疫情下的国际多极化格局：多极化向多级的递进；常规和超常规的发展；发展中大国需要凝心聚力。新冠肺炎疫情暴发以来，以美国为首的欧美国家对中国全方位的遏制和阻碍愈演愈烈，对中国的战略打压和围堵达到半个世纪以来的最高峰。学生观看《中国外交部：面对美国个别政客的打压中国绝不怕事》新闻视频，引导学生明确中国作为发展中大国要做好长期艰苦奋斗的思想和物质准备，在战略、政策、运作等方面的凝心聚力任重道远。 （3）疫后国际政治安全格局的变化和趋势：东西方政治对立趋势增强；安全多极化的新特点；世界各种力量的共同发展和相互制约。中国作为非西方国家的主要代表，被迫在各种狂风巨浪中挺身而出，对无理攻击进行必要的反击；疫情使第三种新群体力量得到了新的发展机遇；第三种新群体力量要认识到，做大"蛋糕"才能合作共赢。 预设学生活动： 通过举例分析、教师讲解，学生能够理解国际格局三个主要的新变化。	同加快转变世界格局的观念。
课堂教学环节3：积极推进共同扩大对外开放	教师讲解师生互动	1. 教师讲授国家主席习近平在第七十五届联合国大会一般性辩论上的讲话原文，并强调"大国更应该有大的样子"。教师进一步向学生提出问题：在世界正经历百年未有之大变局的背景下，在全球疫情走向仍然不明朗的今天，在保护主义、单边主义抬头，经济全球化遭遇挑战，全球治理面临复杂形势的当下，什么才是大国应有的样子？推荐学生观看《长江新闻号》特别策划——《大国的样子》节目，阐释中国秉承的共同对外开放的理念，即共同扩大对外开放，为世界经济注入动力，合作共赢、共担、共治，展现大国担当：推进合作共赢的共同开放，推进合作共担的共同开放，推进合作共治的共同开放。	引导学生相信中国抗疫力量，通过国内生产总值的变化曲线，增强学生对中国经济发展的必胜信心。

续表

教学环节	教学步骤及师生活动	教学内容	设计意图
		2022年1月24日,外交部发言人赵立坚主持例行记者会。他表示,当前,新冠肺炎疫情延宕反复,世界经济复苏面临不小挑战。中国以自身经济的持续稳健发展,不断为世界经济贡献正能量。按年平均汇率折算,2021年,中国GDP达17.7万亿美元,占全球经济比重预计超过18%,对世界经济增长的贡献率预计将达到约25%。展望未来,中国扩大高水平对外开放的决心不会变,同世界分享发展机遇的决心不会变,推动经济全球化朝着更加开放、包容、普惠、平衡、共赢方向发展的决心也不会变。中国对外开放的大门只会越开越大,越开越敞亮。 2. 学生观看《疫情"大考"下的"中国方案"与国际合作》短视频,了解中国在抗击疫情方面为其他国家所做出的帮助与努力,积极投身国际抗疫合作,为各国展示并通过具体行动提供抗击新冠肺炎疫情的"中国方案",即中国是共同扩大对外开放的积极践行者:展现大国担当,对外开放步伐持续加速;统筹推进疫情防控和经济社会发展,积极投身国际抗疫合作;构建更加开放的国内国际双循环,释放超大规模市场的巨大潜力。 预设学生活动: 观看视频,了解中国对外抗疫方案,理解并认同中国是共同扩大对外开放的积极践行者。	
课堂教学环节4:坚持走多边主义道路,构建更加紧密的命运共同体	教师讲解师生互动	1. 学生观看《单边主义不得人心！多国人士肯定中国捍卫多边主义努力》短视频。英国学者罗思义认为:"习主席的讲话非常清晰有力,维护了第二次世界大战后建立的联合国框架,单边主义威胁着世界和平。目前,我们面临着新冠肺炎疫情和经济衰退这两大危机,只有多边主义才能解决问题。"法国前总理拉法兰强调:"中国坚守对多边主义的承诺,维护多边主义应当成为中欧共同议题。我们不仅要反对单边主义,还要去定义什么是尊重国际合作价值的多边主义。我们要将国际合作坚持下去,为全球治理的困局寻找出路。世界在75年时间里发	

教学环节	教学步骤及师生活动	教学内容	设计意图
		生了很大变化,现在需要让新兴国家更多地参与到多边主义当中来。"埃及新闻总署政治院研究员侯赛因说:"习近平主席的讲话是中国对全世界发出的一次号召。更美好的未来需要全人类一起来携手创造。我们也需要团结在一起才能应对今后的各种灾难和危机。最直观的例子就是这次的新冠肺炎疫情,任何国家都不能只靠自己战胜疫情,这场疫情应该成为对世界各国的警示,只有团结合作、携手互助,人类才有可能战胜灾难和危机。" 学生通过该视频学习到:多边主义体现人类历史发展的正确方向,多边主义是维护和平、促进发展的有效路径,教师强调在理论层面上多边主义的具体知识点。 (1)多边主义体现人类历史发展的正确方向:多边主义体现平等、互利、开放原则,强调通过对话方式解决分歧、调整各方关系,以协商确定合作内容和方向,在共同利益基础上开展合作,力求在最大程度上照顾各方利益关切;随着经济全球化深入发展,全球性、地区性议题不断增多,多边主义不仅是一个合作工具,而且逐步成为多方参与全球和地区治理的重要方式,即以协商、对话等方式处理公共问题和区域性复杂问题;坚持多边主义是顺应人类生产方式、交往方式变革的必然选择,是应对日益严峻复杂的全球性威胁、维护人类共同家园的必然选择,已经成为国际社会广泛共识。 (2)多边主义是维护和平、促进发展的有效路径:多边主义符合全球治理体系变革需要;多边主义与构建全球伙伴关系网络的精神相互贯通;多边主义有利于推动构建人类命运共同体。 2.学生观看纪录片《生命·方舱》,了解中国在抗击疫情方面的创新壮举,并毫无保留地将抗击疫情经验无偿分享给其他国家,通过《生命·方舱》短片体现出中国是维护和践行多边主义的重要力量,通过简要案例一镜到底,分析其中的知识点。	引导学生认同中国继续坚守多边主义,总结出在这场同疫情的殊死较量中,中国人民和中华民族以敢于斗争、敢于胜利的大无畏气概,铸就了生命至上、举国同心、舍生忘死、尊重科学、命运与共的伟大抗疫精神。

续表

教学环节	教学步骤及师生活动	教学内容	设计意图
		（3）中国是维护和践行多边主义的重要力量：中国重视在联合国、世界贸易组织、二十国集团等多边组织框架内发挥建设性作用，提出全球和地区治理的中国国方案；在区域合作方面，中国不断探索新的合作模式，与俄罗斯等国共同建立上海合作组织；在多边框架内，中国特别倡导开放、包容、透明的合作议程，不搞封闭排他的小圈子，而是欢迎更多国家加入和参与；共建"一带一路"是践行多边主义的重要平台。 2022 年 4 月 11 日，中国常驻联合国代表张军在联合国安理会新冠疫情和疫苗问题公开会上发言，呼吁践行真正的多边主义。 预设学生活动： 观看视频，认真思考各国代表对于中国多边主义负责任的大国形象的评价，坚定中国践行真正的多边主义的理念。	
课堂总结	教师总结	1. 通过本堂课关于疫情"大考"下的国际关系和中国方案的学习，学生明确维护和坚持多边主义是顺应世界大势的正确选择，而中国将始终站在历史正确的一边，沿着和平发展道路坚定不移走下去，继续积极倡导和践行多边主义，推动构建人类命运共同体，为创造世界更加美好的未来做出更大努力。 2. 展示思维导图。	将知识点以思维导图形式呈现，有利于学生回顾、记忆与理解。
课后作业	课后思考	1. 完成课后测验题。 2. 观看视频资源。	加深学生对本堂课的理解。

课后反思和总结

课后反思	加强过程性考核，保证学生在实践中掌握理论。该专题内容整体上较为宏大，如何与学生实际生活相联系成为重中之重，否则学生会认为"事不关己，高高挂起"。

续表

课后反思	在实际授课过程中,一是缺少线上学习通平台的充分使用,仅仅是使用主题讨论功能,未将所有线上课堂活动运筹帷幄;二是如何将案例巧妙与知识点有效融合,自然过渡,是日后亟待完善的主要部分。

教学设计感悟

形势与政策是一门理论武装时效性、释疑解惑针对性、教育引导综合性很强的高校思想政治理论课,是帮助青年大学生正确认识新时代国内外形势的核心课程。

"守望相助　同心战'疫'——疫情'大考'下的国际关系和中国方案"教学设计围绕四部分内容进行授课,层层递进,系统性较强。第一部分是疫情对大国关系的冲击和影响,属于现状分析;第二部分是疫情下国际格局的变化,属于学理分析;第三和第四部分,将对外开放和多边主义这一中国方案理论与实践相结合,属于路径举措。这四部分逻辑性突出,形成完整的闭环,学生能够系统掌握新冠疫情之下的国际形势与中国方案。

"守望相助　同心战'疫'——疫情'大考'下的国际关系和中国方案"教学设计有以下三点特色。一是内外联动,时政教学。教学采用国内、国际相关时政热点新闻,以各国著名政治家经典语录为导入,展开理论教学。二是线上线下,互动教学。教学采用线上学习通平台有效进行师生互动,平台可以将学生掌握教学内容的实效直接反馈给教师。三是启发为主,问题教学。教学采用问题链教学法,以问题为切入口,将教学内容与学生实际生活相联系,学以致用。

教学设计是上好一堂课的必要前提,"不打无准备之仗,方能立于不败之地",与此同时,每一次上课都是对教学设计的一种完善与巩固。该教学设计还有很大成长空间,教师仍需不断丰富。

▶ 教师简介

宋丹丹,青岛黄海学院马克思主义学院教师,助教。主要从事思想道德与

法治、马克思主义基本原理等课程教学。主持校级课题 1 项，获得山东省首届教学设计大赛本科组一等奖、山东省第四届科普创作大赛三等奖、青岛市教育系统微党课大赛三等奖、青岛西海岸新区第四届科普微课大赛三等奖、青岛西海岸新区党史知识竞赛三等奖等荣誉，获得 2021 年和 2022 年校级教学比赛"教学标兵"与"教书育人先进个人"等荣誉称号。